テラーのための店頭セールス声かけ読本

近代セールス社 編

近代セールス社

本書は『バンクビジネス』2011年12月15日号
および2013年12月15日号を再編集して発刊したものです。

はじめに

夫婦共働きの一般化による日中の不在家庭の増加により、近年は戸別の訪問活動ではお客様に面談ができにくくなっています。そのため、来店客に対する店頭セールスが求められているのは周知のとおりです。これは、金融機関に限ったことでなく、多くの業界で来店誘致型の店舗づくりとともに来店を促すプロモーションに力を入れていることでも分かります。

しかし、店頭での業務には「正確・迅速・丁寧」という3つの要素を満たす事務処理が常に求められており、そのうえで1人ひとりのお客様の属性に応じたセールスを展開することは、容易なことではありません。

本書は来店したお客様に声をかけ、お客様の潜在ニーズを顕在化させ、ニーズに合わせて取引を展開するための具体策をやさしく解説しています。お客様の用件を確実に処理しながら来店目的や通帳等の情報からヒアリングを展開し、プラスワンの提案につなげていきます。お客様別のトーク展開例も盛り込まれていますので、これを使ってロールプレイングを行うことも可能です。

テラーの皆さんの「コミュニケーション＆セールス」の習得・指導テキストとしてご活用いただけたら幸いです。

２０１５年６月

近代セールス社

●執筆者一覧●

青木 テル（タクト&アクト 代表取締役）
池田 智子（資産アドバイザー）
荻野 元夫（クリエイト・プラン 代表）
金指 光伸
塚田 昌司（金融アドバイザー）
中島 啓子（CFP® BCBファシリテータ）
長塚 孝子（株式会社孝翠 代表取締役）
美山　薫
山崎 俊輔（ファイナンシャル・プランナー）

●イラスト●

跡部 禎子　栗原　清　設楽みな子
たんばきょうこ　ほしのゆみこ
横山テルミ　Rococo Ruco

（50音順・敬称略）

目次

第3章●通帳情報から声かけを実践する

第4章●集めた情報からセールスを展開する

第１章

好感度アップの接客術を身につける

1．場面別に理解するあいさつのポイント

すべてのコミュニケーションは、「あいさつ」から始まります。しかし、自分ではあいさつしたつもりでも、気持ちが相手に伝わらなければ、していないのと同じです。せっかくあいさつをするのだから「相手とつながるつもりであいさつをする」という心構えを今一度持ちたいものです。

scene 1◆お客様が入店したとき

歓迎の意を込めて笑顔であいさつする

お客様は、常に「歓待されたい」という意識を持って来店します。お客様を歓迎する準備はできていますか？

お客様の来店がないときでも、背筋をすっと伸ばし、入口のほうへ意識を向けて待っていましょう。お客様が入店したら、お客様のほうへ身体ごと向き、自然な笑顔であいさつをします。作業しながらや、下を向いたままあいさつするのは失礼です。お客様に集中しましょう。

笑顔は、ハーフスマイルが基本です。目尻は少し下がり、口角は上げ、上の歯が4本見えるくらいが適切です。

歓迎の意を込めて、「いらっしゃいませ」「ご来店ありがとうございます」と、明るく声をかけます。朝であれば、「おはようございます」とさわやかにあいさつしましょう。

◆入店したお客様の様子に目を配る

続けてお辞儀です。一般的な「普通礼」では、お辞儀の角度は30度くらいです。上体を腰から倒してきちっと止まり、腰から頭が一直線になるよう、視線を足先から1メートルくらい前方に向けます。首が曲がったり、背中が丸くならないように注意します。

前髪が目にかかっていたり、お辞儀をするときに髪が頬にかかると、清潔感が感じられないばかりか、にこやかな表情が見えなくなります。

また、入店したお客様の様子に目を配ることも必要です。ロビーにいるお客様が不安な様子なら、「本日はどのようなご用件でしょうか?」「受付番号札をお取りになりましたか?」などと、こちらから積極的に声をかけて案内しましょう。

scene 2◆窓口で用件を受けるとき

お客様の名前を覚えプラスの言葉を贈る

窓口にお客様が近づいてきたら、笑顔とアイコンタクトで歓迎の気持ちを伝え、窓口の前に来た時点であいさつします。

窓口では、基本的に一対一のやりとりとなるため、信頼感とある程度の親近感が大切です。長話は困りますが、あいさつに続けて何かひと言話題を提供できれば、機械的なやりとりではなく、人間的な温かさを感じてもらえるはずです。

お客様にとって何よりもうれしいのは、自分を覚えていてくれることです。なるべくお客様の顔と名前を覚え、ひと声かけてみましょう。

最もあたり障りがないのは「暖かいですね」「雨はひどく降っていますか?」といった天候の話題です。お客様が、「車なので雨でも大丈夫です」と返してくれたら、車の話題を振ってみてもよいでしょう。

◆興味と関心を持ちつつ接する

また、お客様をほめることはとても効果的です。その人だけに向けたパーソナルな言葉は、最も喜ばれます。例えば、「今の季節にぴったりな色のスカーフですね」「シンプルでとてもお似合いの時計ですね」などです。「誕生日に息子が贈ってくれて…」など、次の話題につながるかもしれません。

ただし、ほめるためにはお客様の表情や持ち物などに目を配り、興味と関心を持って接していなければなりません。「1人ひとりを大切なお客様としてもてなす」という意識が大切です。相手が喜ぶプラスの言葉を自然に贈りたいものです。

scene 3◆お客様に何かを頼むとき

クッション言葉を使い依頼形で伝える

お客様に何かお願いをするときには、気持ちよく受けてもらえるような言葉づかいを心がけます。ポイントは次の2点です。

・クッション言葉を使う…「おそれいりますが」「お手数ですが」とワンクッション入れてから用件を告げる

・命令形を使わない…「○○してください」という命令形ではなく、「○○していただけますか」「していただけますでしょうか」と依頼形を使う

他人から命令されて動くのが好きな人は少ないです。依頼形にすることで、依頼された相手が自主的に選択した形で受けてくれることが多くなります。

◆手順を追って丁寧に説明する

例えば、手続きに必要な書類の作成をお願いするとします。伝票だけでも相当な数がありますね。私たちにとっては扱い慣れた伝票でも、お客様からすれば、どの伝票を使ったらよいのか分からなかったり、書式が難しく感じたりします。そもそも、伝票に記入すること自体、面倒だと思ってい

るお客様も少なくありません。

そこで、「○○のお手続きですね。おそれいりますが、（伝票を見せながら）こちらの伝票の太い枠線の中に、上から、お名前、口座番号をご記入いただけますでしょうか？」などと、1つひとつ順を追って分かりやすく説明します。

また、お客様がこちらの要望どおりにしてくれたときは、その都度「（ご記入）ありがとうございます」と必ずお礼を伝えましょう。

scene 4◆お客様の要望を断るとき

断る場合はその理由と代替案を伝える

お客様の要望には、できる限り応えるというのが前提です。しかし、場合によっては、お客様から無理を言われ、対応に困ることもあるでしょう。また、業務規定上、どうしても断らなければならないときもあります。

そこで断るときには、最初に要望に沿えないことを謝罪します。この際、言葉づかいで気をつけたいことは、「○○はできません」という否定形ではなく、極力「○○はいたしかねます」「できかねます」と、肯定形を用いることです。

◆できない理由を納得してもらう

次に、なぜできないのかその理由を明らかにします。システム上の取決めであれば、なぜそのような規定があるのかも説明します。そして、「こういう方法なら可能です」という代替案を提示するとよいでしょう。

例えば、お客様に「至急、ATMから200万円を振り込みたい。取引相手の都合上、全額一括で振り込まなければならない」と言われた場合は、「申し訳ございません。あいにく、ATMでのお振込は1回100万円を限度とさせていただいております。200万円はお取扱いできかねますので、窓口にてお願いいたします」という具合です。

いずれにしても、その場でお客様にきちんと納得してもらわないと、サービスが悪い金融機関だと誤解されかねません。次にまた同じような問題が生じる可能性もありますので、しっかりと応対しなければいけません。

scene 5◆お客様に謝罪するとき

責任を転嫁せずに誠意を持って謝る

もし、お客様に対して失礼があった場合など、お詫びをしなければならないときには、どうしたらよいでしょう？

人はお礼とお詫びがきちんとできて、初めて一人前とみなされます。失敗したときこそ、人柄が分かるというものです。しかし、やみくもに「申し訳ございません」と謝ればよいというものではありません。かえってお客様の怒りを増長してしまうこともあるのです。

この場合のポイントは、次の2点です。

・責任を転嫁せず、お客様の不便や不愉快な思いに誠意を持ってお詫びする

・お詫びしたうえで、できれば代替案や改善策を提示する

もちろん、予測できることであれば、事前にお断りしておくこともポイントです。「ピンチはチャンス」といいます。誠意を持ってお詫びすることで、信用を増すこともあるのです。

◆待ち時間は「あと何分」と言い切らない

お客様を長く待たせてしまった場合には、「○○様ご来店ありがとうございます（いつもご利用ありがとうございます）。お忙しいところ、お待たせして大変申し訳ございません。本日は窓口が大変混み合っております。私どもも、できるだけ迅速に手続きを行っておりますが、○○様の順番まで少なくとも、あと20分はかかるようでございます。ご迷惑をおかけして、誠に申し訳ございません」

このように、まずは来店のお礼を言い、待ち時間を告げるときは「あと何分」などと言い切らないようにしましょう。

scene 6◆お客様にお礼を言うとき

感謝の気持ちは その場で伝える

どんな仕事でも「だれかのために働いている」ということは同じです。皆さんもよく理解されているように、私たちはお客様のために存在し、お客様あっての私たちです。お客様という存在そのものに感謝しながら働きたいものです。

感謝を表す言葉「ありがとうございます」は、〝マジックフレーズ〟といわれ、何度聞いても心地良く感じる言葉です。言われたほうがうれしければ、言ったほうもなおうれしくなり、コミュニケーションが深まります。

では、お客様が来店したときを例に、単に「ありがとうございます」と言うだけではなく、気持ちの伝わる「ひと言」を付け加えた言い方を考えてみましょう。

①ご来店ありがとうございます

②いつもご利用いただきありがとうございます

③(雨の日に) お足もとの悪い中をお越しいただき、ありがとうございます

④(会社に勤めている人に) お忙しい中、足をお運びいただきありがとうございます

◆適切なお礼の言葉を選択する

このように、来店に対する感謝だけでもバリエーションがあります。通り一遍ではなく、相手や状況から、適切なお礼の言葉を言えるようにしたいものです。

また、お礼は後回しにせず、すぐその場で伝えることが大切です。そして、一度言ったからそれでよいというのではなく、後日、改めてお礼を言うと、より真心が伝わります。

scene 7◆お客様を送り出すとき

笑顔で心を込めて締めくくる

お客様が帰るときには、お客様に「来てよかった」「また来たい」という気持ちになってもらうことが大切です。そこで、帰る前には、念のために「ほかに何かご用はございませんか?」と尋ねてみましょう。

そしてお客様を送り出すときには、「ご来店ありがとうございました。またのお越しをお待ち申し上げております」と、笑顔で心を込めてあいさつをします。

お客様を迎えるときと同様に、礼儀正しいお辞儀も忘れないようにしましょう。場合によっては、「お忘れ物はございませんか?」「お気をつけてお帰りくださいませ」など、配慮を示す言葉を添えたいものです。

◆締めくくりで時どきの情報をプラス

また、人は後から聞いた言葉が記憶に残りやすいといわれています。そこで、「来週から金利アップキャンペーンが始まります。よろしければご検討くださいませ。またのお越しをお待ちしております」など、その時どきの情報をさりげなく付け加えるのもよいでしょう。

もし、お客様から何か指摘を受けた後であれば、「本日は率直なご意見をいただき、誠にありがとうございました」と、真摯な態度であいさつをします。

「終わりよければすべてよし」といいます。もし何かあったとしても、最後には良い気分で帰ってもらえるよう、心のこもった締めくくりのあいさつを心がけたいものです。

2. 正しい敬語の使い方と言葉づかいのＴＰＯ

ｓｔｕｄｙ １◆敬語を正しく使いこなす

敬語は難しいと思っている人もいるようですが、一方で、他の人から間違った使い方で話しかけられると、不快になるものです。

敬語や敬称は、相手に対して敬意を表す言葉です。金融機関の窓口には、年齢、性別、職業、立

図表１　一般的な尊敬語・謙譲語

普通語	尊敬語		謙譲語	
	お(ご)～になる、お(ご)～なさる	～(ら)れる、～される	自分がするとき お(ご)～する	させてもらうとき ～させていただく
話す	お話しになる	話される	お話しする	お話しさせていただく
聞く	お聞きになる	聞かれる	お聞きする	聞かせていただく
待つ	お待ちになる	待たれる	お待ちする	待たせていただく
説明する	ご説明なさる	説明される	ご説明する	ご説明させていただく
連絡する	ご連絡なさる	連絡される	ご連絡する	ご連絡させていただく

場が異なるあらゆるお客様が来店します。ですから、来店するすべての人が敬意を表す対象です。

ただし、だれに対しても同じように使えばよいというものではありません。

◆状況に応じて3種類を使い分ける

〈敬語の種類は3種類〉

敬語には、「尊敬語」「謙譲語」「丁寧語」の3種類があります。話す相手との距離・関係・状況に応じて使い分けてこそ、快く受け入れられます。お客様とスムーズなコミュニケーションを図り、人間関係を深めるために正しく使うことが重要です（**図表1**）。

①尊敬語

相手の行為や状態を直接敬う言葉で、主語は「相手」です。例えば、「話す」の尊敬語は「おっしゃる」ですが、「お話しになる、話される」ともいいます。「お（ご）～になる」の他に「お（ご）～なさる、お（ご）～くださる」の使い方があります。

②謙譲語

自分（あるいは身内や自社の人）がへりくだり、立場を低めた言

図表２　特殊な尊敬語・謙譲語

普通語	尊敬語	謙譲語
いる	いらっしゃいます	おります
する	なさいます	いたします
行く	いらっしゃいます おいでになります	参ります うかがいます
来る	いらっしゃいます おいでになります お越しになります お見えになります	参ります うかがいます
言う	おっしゃいます	申します 申し上げます
見る	ご覧になります	拝見いたします
聞く	（お聞きになります）	うかがいます 承ります
知る	ご存知です	存じています 存じ上げております
食べる	召し上がります	いただきます
もらう	お納めになります お受けになります	いただきます ちょうだいします
与える	くださいます	差し上げます

図表３　敬語のイメージ図

尊敬語	謙譲語	丁寧語
相手の行為や状態を直接敬う。上になる相手が主語になる	自分の立場を低めて間接的に敬う。へりくだる自分側が主語になる	相手と自分が並列の関係。どちらに対しても使い、会話全体を丁寧にする

葉で、間接的に相手を敬う言葉です。例えば、「話す」の謙譲語は「申す、申し上げる」ですが、「お話しする、お話しさせていただく」ともいいます。「お（ご）～する」よりも敬意を深めた表現として「お（ご）～いたす、いたします」があります。

③丁寧語

普通の言葉を丁寧に話すときに使う言葉です。相手にも自分に対しても使い、会話全体を丁寧なものにします。丁寧語は、「です」「ます」を言葉の最後につけます（例…「話します」「書類です」など）。

◆尊敬と謙譲の混同に注意する

なお、尊敬語と謙譲語は、普通語とまったく違う言い方に変わる専用の言葉があります（**図表2**）。また、敬語の使い方で一番多い間違いは、「尊敬語」と「謙譲語」の取り違えです。尊敬語は相手の行為に対して、謙譲語は自分の行為に対して使います（**図表3**）。混同しないように注意しましょう。

〈お・ごの使い方〉

相手を敬うために、相手の動作・家族・持ち物・服装などに「お・ご」を使います。例外もありますが、訓読みする和語系の言葉には「お」、音読みする漢語系の言葉には「ご」がつくのが原則です（例…お考え、お名前、お知らせ、お仕事、ご意見、ご通知、ご指導など）。

自分の行為であっても相手に影響がある場合には「お・ご」をつけてもかまいません。ただし、不必要なものまでやたらにつけると耳ざわりです。

〈二重敬語に注意する〉

２種類の敬語を重ねて使う「二重敬語」は、過剰な表現でかえって失礼にあたります。例えば、「おっしゃられる」「ご覧になられる」などの「動詞の尊敬語」＋「れる・られる型の尊敬語」の組み合わせに注意しましょう。

study 2◆言葉づかいに気をつける

言葉の使い方や言い方によって、同じ内容でも印象は大きく変わります。言葉の使い方が不適切だったために、「口のききかたが悪い」「ものの言い方を知らない」と思われてしまっては、仕事も人間関係もスムーズに進みません。

ただ内容を伝えるだけではなく、「感じの良さ」も重要なポイントです。お客様に好感を与え、信頼感を得られるよう、言葉づかいの基本を身につけましょう。

◆複数の項目は順を追って

〈言葉づかいのポイント〉

①正しく話しましょう

・明確な発言、発声を心がける

・内容は正確に、曖昧な表現は避ける（例…「～だと思いますが、多分～でしょう」など）

・具体的かつ明瞭に、結論から話す
②分かりやすく話しましょう
・外来語、専門用語、業界語、略語など、相手が分からない言葉は使わない
・難しいことをやさしく話すなど、相手に応じた表現をする
・複数の項目がある場合は数を使って示す（例…「お伝えしたいことは3つあります。1つ目は～、2つ目は～です」など）
③きちんと話しましょう
・語尾を省略しない
・友だち言葉は使わない
・早口にならないようにする
④感じよく話しましょう
・相手の目を見て笑顔で話す
・状況に合わせて共感を示す
⑤命令形を避け、依頼形で話しましょう
・気持ちよく了解してもらうために判断を相手に委ねる形にする（例…「書いてください→お書きいただけますでしょうか」「お待ちください→お待ちいただけますでしょうか」など）
⑥否定文は肯定文にして話しましょう
・否定的な言葉や断りの言葉は、悪い印象を与えがちなため、快く納得してもらうためには、肯

定形にする（例…「できません→いたしかねます」「分かりません→分かりかねます」など）

〈クッション言葉〉

お客様に何かお願いしたり、お客様の意に沿えないことを伝える場合には、「クッション言葉」といわれる魔法の言葉を使いましょう（**図表4**）。

同じことを伝えるのにも、ちょっとした言い方の違いで、人間関係を良くも悪くもします。本題に入る前に「ひと言」添えることで、お客様への心づかいを表します。

図表4　クッション言葉の例

〈質問するとき〉
おそれいりますが／失礼ですが／お差支えなければ／つかぬことをお伺いいたしますが

〈依頼するとき〉
おそれいりますが／お手数でございますが／ご面倒をおかけしますが

〈断るとき〉
誠に申し訳ございませんが／あいにくですが／せっかくでございますが／申し上げにくいのですが

〈日常語・慣用語の使い方〉

日常何気なく使われている言葉の中にも、おかしな言葉が結構あります。言葉は時代とともに変化するものです。絶対に正しいとか誤りとか言い切れないものも多いのですが、次にあげるのは、「明らかに間違い」か「明らかにおかしい」と思う人が多い言葉です。社会人として、気をつけて使いましょう。

①おかしな言葉づかい

・1万円からお預かりします→1万円お預かりします
・こちらでよろしかったですか→こちらでよろしいでしょうか
・こちらがパンフレットになります→こちらがパンフレットです（ございます）

図表５　内部用語の言い換え

好ましくない用語	好ましい言い換え お客様に対する用語
現払い	現金でお支払い
現物	現金、手形・小切手など
徴求書類	必要書類
署名捺印	お名前とご印鑑
処理する	手続きする
ダウン	機械の故障
エラー	誤り
役席、上席	上司
給振	給与振込
元利金	元金と利息
自振	自動振替
万券	一万円札
新券	新しいお札
損券、損貨	損傷紙幣、損傷硬貨
残不	残高不足
落ちた	決済（引落し）しました
期限後利息	期日（満期日）以降の利息

・お待ちいただく形になりますが…↓お待ちいただけますか

②「すみません」の言い換え

・お礼を述べるとき↓ありがとうございます

・お詫びをするとき↓申し訳ありません

・呼びかけるとき↓おそれいりますが

◆表情や視線を確認する

〈高齢者への話し方、呼びかけ方〉

お客様に合わせた言葉づかいの中でも、高齢者への話し方などは特に注意が必要です。お客様は、年下の行職員であっても、金融機関の代表として、信頼して預金を預けています。信頼に足る言葉づかいを心がけましょう。

①注意したい呼びかけ

高齢のお客様に「おじいちゃん」「おばあちゃん」と呼びかけてはいけません。通帳などで名前が分かる場合は「○○様」と必ず名前で呼びかけます。

「まだ元気なのに」「若いものには負けん」と考えているのに、「おじいちゃん」などと呼びかけては、高齢者の尊厳に関わります。

高齢者と話をする場合、子供に話しかけるように話すことは大変失礼です。分かりやすさと幼児語は同義ではありません。話し方は普通に、ペースは相手に合わせることで十分です。

②理解度の確認

常にお客様の表情や視線の動きなど、反応を確認しながら説明します。また、高齢のお客様は集中力が続きにくいため、説明が長くなったり複雑になる場合は、前半の説明を忘れてしまったりします。「一度整理させてください」と断り、要旨を紙に書き出して再確認してみるなどの方法をとるとよいでしょう。

図表６　敬称の正しい使い方

	人　称	使い方の注意
自称	わたくし、わたし	
自称	私ども 当社、弊社	特に目上の人には「私たち」は使わない 自社の呼称も「うち」ではなく「私ども」と言う
対称	○○様、お客様 そちら様、お宅様	「あなた、あなたたち」は使わない
対称	○○さん	役職にない先輩、同僚、後輩を呼ぶとき
対称	○○部長、○○課長	上司に対しては役職名で呼ぶ
他称	あの方、あちらの方 女性（男性）の方 お連れの方	いずれも「人」ではなく「方（かた）」を使う
他称	どなた様	「だれ」は使わない
その他	相手の勤務先……お勤め先 相手の住所、住まい……おところ、お住まい 自分の身内……父、母、祖父、祖母、兄、姉、叔父、叔母 ＜外部の人に対しては＞ 自社の者……部長の○○は、課長の○○は（上司でも敬称はつけない） 他者の社名……○○工業さん（法人名にも「さん」をつける）	

3．配慮が必要なお客様とのコミュニケーション

①高齢のお客様

高齢のお客様に接するうえで最も重要なことは、相手のペースに合わせた対応を行うということです。ゆっくりと話すだけでなく、伝票を書いてもらうときや、ＡＴＭの操作を案内するスピードなども、相手に合わせることが必要です。

高齢のお客様の中には、払戻しや入金の伝票を自分で書きたくないという人が多くいます。「字を書くのが苦手で…」というお客様もいますが、実は書くのが遅く、人前で書きたくないというのが本当の理由だったりします。

したがって、ローカウンターに案内してゆっくりと書いてもらえるよう配慮することで、伝票を書いてもらいやすくします。金融機関によっては、伝票の記入欄を大きくして、見やすくなるよう工夫をしているところもあります。

◆お客様から声をかけてもらえる関係を築く

また、金融機関に求められる役割として、身近で親しみやすい存在であることが挙げられます。

１人暮らしの高齢者が増える中、来店時の何気ない会話や取引の様子から、お客様の異変や悩みを

感じ取り、必要に応じて家族や行政機関等と相談できるようにすることが大切です。

一方、最近では高齢者が犯罪に巻き込まれ、被害者となるケースが増えています。高額の振込や払戻しにあたっては、その理由を確認し、お客様が犯罪に巻き込まれることのないよう注意が必要です。

ＡＴＭでメモを見ながら慌てて操作していたり、携帯電話で話しながら操作しているお客様を見かけたら、声をかけてあげる配慮も必要です。

困ったときにお客様のほうから声をかけてもらえる関係を築ければ、なおよいでしょう。そのためには、金融機関の行職員が、普段からお客様と会話をして、何でも相談できる信頼される存在となることです。

●チェックポイント●

・伝票等を記入いただく際はローカウンターに案内してゆっくり書いてもらえるようにする
・来店時の何気ない会話や取引の様子から異変や悩みを感じ取り対応できるようにする

②妊娠中のお客様

お腹の大きな妊娠中のお客様は、一見して妊婦と分かるため、周りのお客様も何かと配慮してくれたりします。しかし、妊娠初期の頃は、まだお腹が目立たないため、なかなか気づかれないことがあります。

妊娠中の人にとって体調面でつらいのはむしろ初期のころで、安定期以降は楽になったという声も多くあります。まだお腹が大きくなくても、「マタニティマーク」をつけているお客様を見かけたら、手続きの間に腰をかけていただくような配慮が必要です。

◆ペットの入店なども注意する

妊娠中のお客様は、お腹の子供に対して色々と気をつかっているものです。最近では、タバコの分煙に関する認識は浸透していますが、最近増えているペットを連れて入店するお客様に対しても配慮が必要です。

普段はかわいい動物であっても、妊娠中は接触を注意している人もいます。他のお客様との無用なトラブルとならないよう、ペットを外でつないでおくようにお願いをして、お客様同士が直接話して不快な思いをしないように留意します。

また、妊娠中のお客様は、生まれてくる子供の未来に期待と不安を持っているものです。積立定期や保険商品等、子供の将来に備えるための商品も案内できるようにしておきましょう。

●チェックポイント●

・マタニティマークをつけたお客様が来店したら手続きの間に腰をかけてもらえるよう配慮する
・ペットを連れて入店したお客様にはトラブルにならないよう外でつないでもらうようにする

③幼児を連れたお客様

子供を連れたお客様が、子供の健康のためにタバコやペットについて神経質になるのは、妊娠中のお客様と同じです。お客様に勧める商品も似ていますし、将来的には住宅や車の購入等で、ローン商品の有力な見込客となることも考えられます。妊娠中のお客様と異なる点は、連れている幼児について配慮するという点です。

金融機関としては、子供が使用できるようなトイレや授乳スペースなどを用意する必要があります。これは金融機関の利用者だけでなく、町の多くの人が利用できるサービスとすべきではないでしょうか。

また、小児児童が何か困ったことがあったときに、駆け込める場所としての役割も担う必要があります。金融機関も町の住人として協力していく姿勢が求められています。

◆ローカウンターに案内する配慮が必要

幼児を連れているお客様は、ゆっくりと手続きできません。子供の面倒を見ながらでも手続きができるよう、ローカウンターに案内する配慮が必要です。

また手続きや順番待ちの間に子供が飽きないような、また子供が事故に遭うことのないような工夫も必要です。そのため、ロビーに十分なスペースを用意したり、手続き中のお客様が子供の存在を確認できるように、広い視界を確保します。

●チェックポイント●
・幼児を連れたお客様は子供を見ながら手続きができるようローカウンターに案内する
・手続きや順番待ちの間に子供が飽きないような配慮や事故に遭わないように工夫する

④肢体障がいのあるお客様

杖をついたお客様や肢体に障がいのあるお客様は、だれが見ても分かるので周りのお客様が色々と気をつかってくれることも多いと思います。しかし、本来このようなお客様への対応は行職員自身が行うべきことです。

ロビーで席を譲るなど、気をつかってくれたお客様には、お礼の声かけを忘れずにする、また、自ら進んでその後の対応を引き受ける必要があります。

◆安易に代筆を行ってはいけない

肢体に障がいのあるお客様は、番号札ひとつ取るにも、発券機へ行くこと自体が大変です。伝票を書いてもらうにも十分なスペース、座れる環境が必要です。入店時に用件を聞き、順番を待つ間、お客様が自分で伝票を記入できるようなところへ案内すべきです。

このような配慮をすることにより、お客様自身で伝票等の必要書類に記入できるようになります。安易に記入を省略したり、行職員が代筆したりすることは、将来不測のトラブルにつながる可能性もあり、また、お客様に不快な思いをさせてしまう結果になりかねません。

しかし、利き手が不自由で、どうしても伝票を自署できないなどの場合は、各金融機関の規定に基づき、行職員が代筆することもあり得ます。複数の行職員で対応するなど、あらかじめ所定の取扱いを確認しておく必要があります。

●チェックポイント●
・障がいのあるお客様に気をつかってくれたお客様に対してはお礼の声かけを忘れずに行う
・伝票が自署できないなどの理由で代筆が必要な場合は各金融機関の規定に基づいて取扱う

⑤車イスを利用のお客様

車イスのお客様は、当然ですが店内を車イスで移動しなければなりません。そこで、入口にスロープを設ける、店内に車イスが移動できるスペースや、順番待ちの際のスペースを確保する、受付カウンターに車イスで近づけるよう、カウンター下を空けておくなど、さまざまな配慮が考えられます。

またトイレ等についても、車イスのお客様が利用できるような設備にしておくことが望ましいといえます。肢体に障がいがあるお客様と同じように、お客様が安心してゆっくりと伝票を書けるような環境を用意して、安易に行職員がお客様の伝票を加筆、代筆することのないようにしなければなりません。

◆ＡＴＭコーナーへの案内には十分な配慮を

また、ＡＴＭコーナーにも注意すべきです。車イスのお客様がＡＴＭを利用する場合、順番待ちの列に並ぶことはできません。そこで優先して案内したり、順番が来た時点で案内するなどの配慮が必要となります。

これらの対応の中には、本部の協力がなければできないこともあります。しかし、営業店の行職員として、もっと身近なところでできることもたくさんあります。営業店前の駐輪自転車を整理して周辺の歩道にも気を配ったり、ロビーやカウンターの周りの整頓を心がけるなど、自分にできることを考えてみてください。

●チェックポイント●
・店内を車イスで移動するスペースやお客様が安心してゆっくり伝票を書けるように配慮する
・ロビーやカウンター周りの整頓を心がけるとともに営業店の駐輪場や周辺の道路にも気を配る

⑥視覚障がいのあるお客様

視覚障がいのあるお客様への対応で最も重要なことは、ＡＴＭの操作や伝票への記入にサポートが必要だということです。ＡＴＭの操作では、音声ガイド付きのものや点字を付したものがありますが、音声で「カードを挿入口に入れてください」とガイドされても、キャッシュカードの挿入口が分からなければ、操作はできません。

また、視覚障がい者の点字識字率は10％程度と低く、こちらも、すべての人の手続きに役立つものとはいえません。このような場合、窓口に案内して手続きを行うこととなりますが、振込手数料をATMで行う場合と同じになるよう、配慮している金融機関も増えています。

◆代筆は規定に従い取扱う

また、伝票の記入ができず、付き添いの家族もいない場合、規定に従って行職員が伝票を代筆することもあります。これは例外的な取扱いとなりますから、規定を遵守することが大切です。もし、代筆の取扱いが規定されていない場合は、上席者や本部所管部と相談して取り扱い、決して独断で対応してはいけません。

またこの場合、お客様からは口頭で取引の指示を受けることとなりますが、他のお客様に取引内容が聞こえることのないよう、応接室等、区切られたスペースで受付をするなどの細かな配慮も必要となります。

●チェックポイント●

・ATMの操作や伝票への記入はしっかりサポートし代筆等は規定を遵守して行う
・他のお客様に取引内容が聞こえないよう応接室など区切られたスペースを利用する

⑦聴覚障がいのあるお客様

聴覚障がいのあるお客様は、一見するとその障がいに気がつきません。しかし、こちらから積極的に声かけをすることで、事情を理解することができます。普段から、お客様への明るいあいさつを心がけるという基本が大切です。

お客様とのコミュニケーションは、手話や筆談により行うことになりますが、最近は手話のできる行職員も多くいます。仕事だけでなく、日常生活で活かせることもありますので、手話を学ぶ機会があれば積極的に参加してみましょう。

◆細かい点については筆談で行う

また、手話ができなくても筆談ならだれにでもできます。手話だと取引の細かいことまで伝えることはできませんが、筆談なら可能です。そのため、窓口には筆談ができるよう小さなホワイトボードを用意しておくとよいでしょう。

さらに、商品説明を行うにあたっては、書面をお客様へ交付することにより重要な事項が説明できるように、あらかじめ商品概要を用意しておくと便利です。本部の担当部と協力して準備しておきましょう。

最後に細かいことですが、番号札の順番についても、店内アナウンスでは伝わりませんから、ロビー担当者と連携してお客様に知らせるようにするなど、不便をかけないよう配慮が必要です。

●チェックポイント●

・一見では障がいに気がつかないためお客様への積極的なあいさつや声かけを心がける
・番号札の順番はアナウンスでは伝わらないためロビー担当者と連携して知らせるよう配慮する

後方担当者もロビーに目を配ろう

ある金融機関で、一番奥の融資窓口にいる担当者を訪ねたときのことです。窓口まで長いカウンターの前を歩く間、だれからもあいさつされなかったことがありました。

あいさつは、相手を認めているという意思表示です。テラーやロビー担当者が、率先して行うのはもちろん、来店者に気づいたら、後方担当者も積極的に声をかけましょう。

また、「波乗りあいさつ」といって、テラーやロビー担当者があいさつをした後、それに続いて「いらっしゃいませ」「ありがとうございました」と声をかけることも大切です。生き生きと活気に満ちたロビーは、お客様に店内に入りやすい印象で受け止めてもらえるはずですし、防犯上も効果的です。

◆見られているという意識を持つ

一方、窓口が混雑して、大勢のお客様が受付の順番を待っているようなとき、どんなにテラーが一生懸命対応していても、後方担当者が集まって話をしていたとしたら、お客様は「後方に人がたくさんいるのに、なぜ手伝わないの?」と不満に思ってしまいます。それが仕事の話

コラム

だったとしても、お客様には話の内容までは分かりません。

また、テラー離席時の応援体制も大切です。「空席の窓口があるのに、なぜだれも手伝わないの?」「後方の上司らしい人は、なぜ指示しないの?」といった不満を聴くことも少なくありません。

特にロビー担当者のいない営業店では、伝票の書き方に迷っているお客様はいないかなど、全員で目配りする必要があります。お客様と視線があったら、忙しくても気持ちを込めて「いらっしゃいませ」と会釈や目礼をしましょう。

ちなみに、私たちは「嫌い・苦手」「自信がない」「後ろめたい」「恥ずかしい」といった気持ちを、視線をそらすことで意思表示します。しかし、それはお客様に「避けたい、無視したい」という、無言のメッセージを送ることになるのです。

営業店の雰囲気や印象は、テラーやロビー担当者だけでなく、後方担当者が事務を行っているときの表情や、テラーとの通帳・書類の授受の様子などからも分かります。お客様に向かう姿勢がそこに表れるからです。常にお客様に見られている、ということを忘れずに行動しましょう。

第２章

お客様への声かけで距離を縮める

1. お客様のライフステージ別の特徴

家族成熟期	家族円熟期	高齢期
50代	60代	70代

定年退職

子供の独立

子供の結婚

孫の誕生

親からの遺産相続

住宅のリフォーム

旅行などのレジャー

50代

・教育費の負担に終わりが見えてくる
・セカンドライフについて考え始める
・病気への不安が増してくる

60代

・退職金の運用を考える
・自宅のリフォームを検討する
・子供の結婚費用や住宅取得資金の支援が必要になるケースもある
・病気への不安がますます増してくる

70代

・孫の教育費の支援や贈与を検討する
・医療・介護制度への関心が高い
・資産が多い場合は、相続税対策が必要になる
・自身の葬儀費用について検討する

相続預金の名義変更
住宅ローンの繰上返済
保険の見直し相談

年金の振込指定
退職金の運用相談
リフォームローンの申込み

年金の受取り
相続対策の相談

など

ライフステージ	独身期 20代	家族形成期 30代	家族成長期 40代
ライフイベント	就職 一人暮らし 結婚 車の購入	子供の誕生 子供の進学（小学校・中学校） 車の買替え	子供の進学（高校・大学） 住宅の購入

特徴・関心事	・消費活動が活発でレジャー資金がかかる ・一人暮らしや、転勤などによる引っ越し費用がかかるケースも多い	・家計全体での資金計画や管理が必要になる ・生命保険加入や見直しを検討する ・教育費が発生し始める ・子供の成長に伴い、車の買替えやマイホームの購入を検討する	・教育費の負担が最も重くなる時期 ・住宅ローンの返済など住居費の負担も重くなってくる
来店機会	給与振込口座の開設 公共料金等の自動振替	預金口座の名義変更 生命保険の相談 学資保険の申込み 積立（教育資金等）	住宅ローンの申込み 教育ローンの申込み

●一般的なイメージを示したチャートです

2. お客様の来店目的などからの声かけ

①預金口座の新規開設

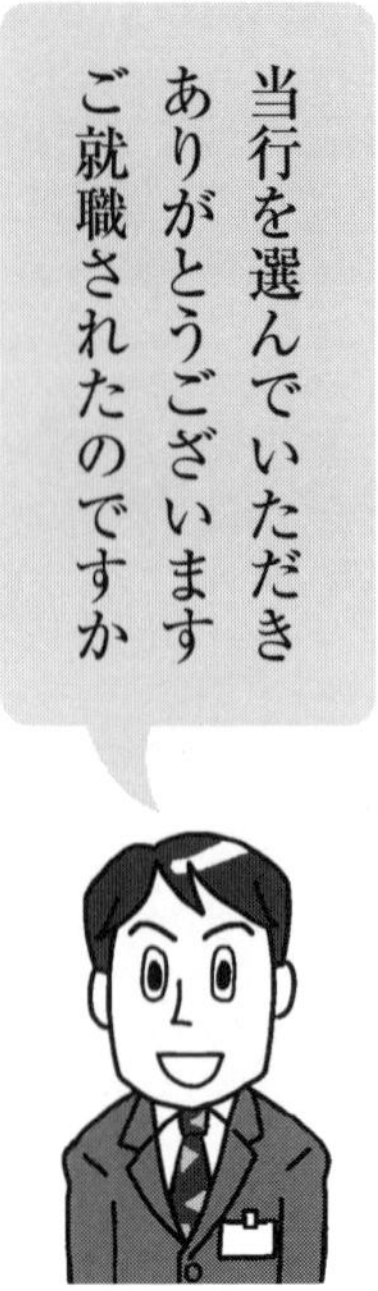

口座の開設で来店したお客様に声かけし、伝えたいのは、自行を選んでくれたことへの感謝の言葉と口座の開設理由です。「このたびは、私どもを選んでいただきまして、誠にありがとうございます。お差支えなければ、通帳を作るきっかけを教えていただけませんか?」といった具合です。

例えば、お客様が10代後半から20代前半なら「新たなステージが始まる時期」と考えられます。そこで「ご就職されたのですか?」といった言葉をかけ、就職したのなら、まずはその門出をお祝いし、新社会人の生活について質問してみます。

「おめでとうございます。どちらにご就職されたのですか?」「最初のお給料の使い道は、もうお決まりですか?」「一人暮らしを始められるのですか?」「新しい生活に、何かご不安なことでもありますか？」などです。自分自身が、新たな生活を始めたときの気持ちを思い出しながら話すと、お客様との会話も弾むかもしれません。

◆貯蓄を行う習慣についてアドバイス

また、社会人になって結婚するまでの期間は、お金を貯められる一番の時期であることを伝えたいものです。毎月の給料から使った残りを貯蓄に回すのではなく、あらかじめ決まった金額を貯蓄に回し、残ったお金で生活していくことが大切だと伝えていきましょう。

「財形貯蓄や積立定期などを活用して、貯蓄する仕組みを作っておくといいですよ」と声をかけ、資産形成の第一歩を踏み出してもらえば、きっとお客様の人生にとって、お金とのつき合い方の面で良いスタートになります。これからの『自分に投資するお金』と『貯めていくお金』について、会話を広げていくとよいでしょう。

②預金口座の名義変更

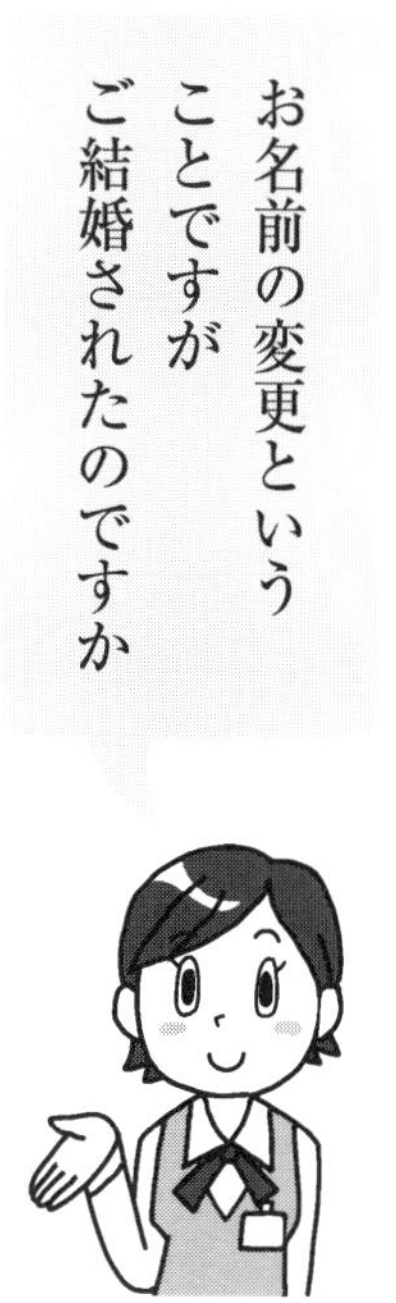
お名前の変更という
ことですが
ご結婚されたのですか

若い女性の名義変更手続きで考えられるのが「結婚」です。ただし、「離婚」ということもありますので、最初から決めつけずに、まずは「ご結婚されたのですか？」と聞いてみましょう。

結婚ということなら喜びを共有し、プラスひと言声かけをしましょう。「おめでとうございます。とても楽しいときですね」「手続きは大変ではないですか？」「新しい生活には慣れましたか？」などと、お客様に寄り添った言葉をかけます。

お客様と自分の年齢や立場の違いによっても、声かけの仕方は変わってきます。もし、あなたのほうが若くて独身なら「うらやましいです。相手の方とはどんな出会いをされたのですか？」とアドバイスをもらうような姿勢で聞いてみましょう。

逆に年上で既婚者なら、新婚時代を思い出し「私は結婚したばかりのころ、生活が急に変わってしまい戸惑うことが多かったのですが、お客様の場合はいかがですか？」「何か結婚してお困りのことはないですか？」と話しかけてみたらどうでしょう。もしかしたら、悩みや不安を打ち明けてくれるかもしれません。

お客様の言葉や表情の中から喜びや戸惑いなどを拾い、それを掘り下げていくことで、会話を広げていきます。

◆ライフプランを話題にしてみる

また、結婚を機に夫婦でライフプランを考えるきっかけになるような話題が投げかけられるとよりよいでしょう。「お仕事は続けられるのですか？」「お子様はいつごろ欲しいなどと話をされることはありますか？」などの質問から、「お子様が産まれるまでが、ご夫婦で一番の貯蓄のときといいますが、この機会に資産形成について考えてみませんか？」とお金の話に結びつけて展開してみましょう。

一方、離婚の場合は気をつかいすぎないようにします。「そうでしたか」とニュートラルに受け止め、お客様の様子を観察します。離婚のことに触れて欲しくないようなら、話題を変えればいいのです。中には、離婚したことで新たな生活を喜んでいる人もいるかもしれません。そのときは、同様にこれからのライフプランのことを話題にしてみるとよいでしょう。

お客様の結婚や出産といったライフイベントにおいては、お客様の感情に寄り添った声かけを積極的に行いたいものです。

③届出住所の変更

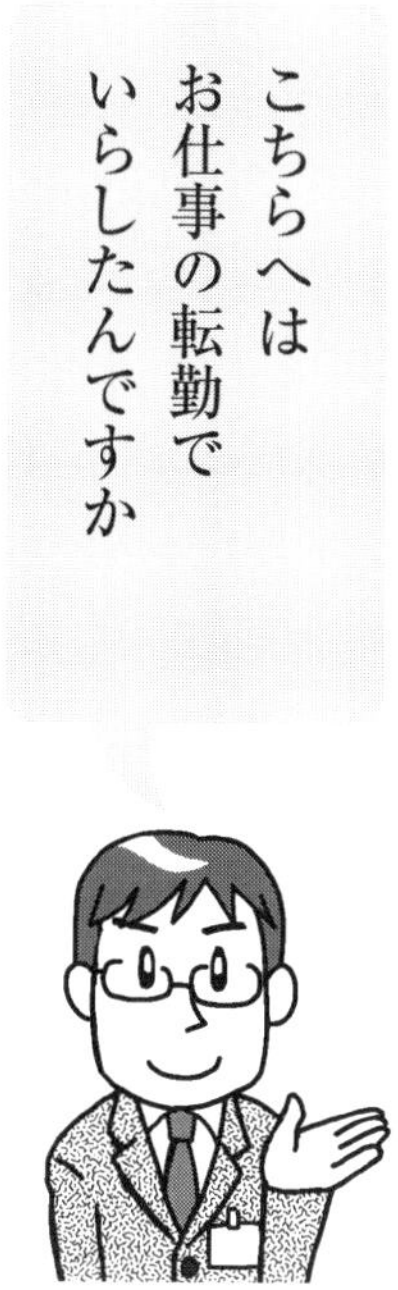
こちらへは
お仕事の転勤で
いらしたんですか

住所変更に来店した人に対しては、まず転居の理由を尋ねます。そのときに「転勤」や「結婚」など、お客様の世代から考えられる理由を聞いてみましょう。

「一人暮らしをされるのですか？」など、新しい暮らしに話を広げていきます。引っ越してきたお客様は、市区町村役場に出向いたり、公共料金の変更手続きを行ったり、何かと忙しいものです。慣れない地域ということもあるので、「いろいろ手続きがあって大変ですね。市役所の場所はご存じですか？」など地域の情報を伝えてみてはどうでしょうか。

そして、公共料金の支払いについては、簡単にできる口座振替の手続きなどを伝えます。また、「ここのランチは、とてもおいしいですよ」など、地域の食べ物の話題で仲良くなることもできます。

◆転居地域の店舗やATMをお伝えする

逆に引っ越す場合は、転居先の地域にある店舗やＡＴＭについてお知らせします。最後に「こちらにいらしたときには、またぜひともご来店ください」「転居先でもお体にお気をつけて」と声をかけることができれば、お客様にもきっと喜んでいただけると思います。

④子供の受験料の振込

受験生を持つ親の中には、本人が受験するのと同じくらい、大変な苦労をしてきた人もいることでしょう。

そこで、子供の学校の受験料を振り込みに来店したお客様には、「お子様は、勉強を頑張ってこられたのですね」と受験する子供に対する言葉をかけましょう。そのうえで、「受験生をお持ちで、お母様も大変でいらっしゃいましたね」と家族に対しても、ねぎらいの言葉をかけたいものです。そのひと言がきっかけとなって、受験までの思いや受験に至るまでの経緯などを話してくれるかもしれません。

また、子供の年齢によっては、受験のきっかけなども尋ねてみます。受験に対する思いが出てきたら、しっかりとお客様の言葉を受け止めましょう。

◆共通の話題を投げかけて会話を広げる

また、振込先の学校について知っていることがあれば、「こちらの学校は、自由な校風でとても有名ですよね」「制服がかわいらしいですよね」と共通する話題を投げかけることで、会話を広げていくことができます。

そして、最後に必ず「私も合格を心からお祈りしています」というお客様の心に寄り添った言葉により締めくくりましょう。心を込めて思いを伝えることにより、お客様の心に響く応対となると思います。

⑤子供の入学金の振込

子供の学校の入学金を振り込みに来店したお客様には、必ず新たな門出をお祝いする言葉を添えましょう。

そのときに、お客様をよく観察してください。入学を喜んでいる様子がうかがえたら、「難関校への合格おめでとうございます。お子様すごいですね」「こちらの学校に入学されるなんて、お母様としても誇りでいらっしゃいますね」などと一緒に喜び、学校の話を広げてみましょう。

また、「学校はお近くなのですか?」「どちらの学部に入られたのですか?」といった質問から、子供の今後の生活について話ができるとよいでしょう。

◆状況に合わせて教育資金の話につなげる

そして、今後の教育資金の見込額が具体的に分かってくるので、その資金をどのように貯めていくのか、すでに準備しているようなら、どのように運用していくのか、上手にお金の話につなげられるとよいでしょう。

中には、希望する学校に決まらなかったお客様もいます。表情や言葉から素早くその状況を察して、残念に思っているお客様の感情に寄り添うか、学校のことには触れず、天気や気候などの一般的な話に変えるなど、相手の状況に合わせた対応が必要になります。

⑥商店の売上の入金

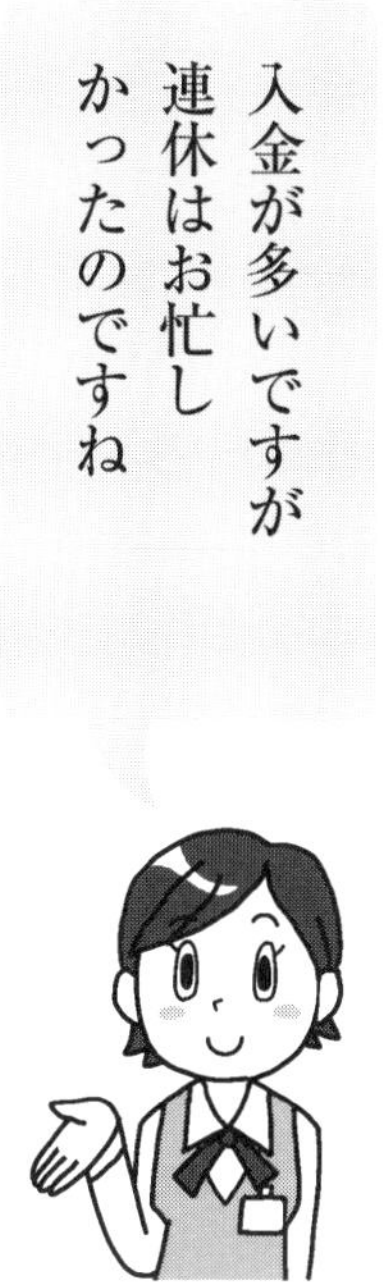

商店の売上を入金するお客様の多くは、毎日のように来店しています。お店を切り盛りしているため、急いでもいます。ですから、私たちもつい早く入金処理をしてあげることに注力してしまいがちです。

「正確、迅速に処理して早くお帰りいただく」ことも大切ですが、そこにばかり関心が向くと、私たちが店頭でお客様の応対をする意味が、なくなってしまうのではないでしょうか。

例えば、連休明けに来店したとき、「今日は入金が多いですね。連休はお忙しかったのですね」などと声をかけられれば、お客様はうれしいはずです。

◆売上入金から積立を勧誘する

「今の時期に稼がないとね」といった反応なら、「クリスマスシーズンが稼ぎ時なんですね。どんなお客様が多いのですか?」などと聞いてみます。「それが、中国からのお客さんが多いんだ」などの答えなら、アジアに投資するファンドの興味につながるかもしれません。

かつて「日掛け、月掛け、心がけ」という言葉がありましたが、毎日入金されるお金の中から積立をすることも、お客様のためになるかもしれません。機械的に「処理する」のではなく、一声かけてみましょう。

⑦税金の払込み

毎日のように、税金の話題が報じられています。そのため、詳しい内容を知らなくても、漠然と「これから税金は上がるだろう」という認識は、来店するほとんどのお客様が持っています。ですから「結構大きな金額ですね。大変ではないですか?」と話しかけます。「本当に大変だよ。

売上が伸びないのに、出ていくものは多くなっているみたいだ」と反応したら、「やはり、お金は計画的に貯めていかないと、将来不安ですよね」などとつなげることが可能です。

「税金を払うのはいいけれど、ちゃんと社会に役立ててくれているのか心配だよ」といった反応なら、「そうですよね。年金も、将来は支給年齢を70歳に引き上げるのかもしれませんね」などと「年金」の話題に展開できます。

◆税金から年金の話に展開させる

お客様は個人事業主ですから、国民年金の対象者です。「会社員のように定年はないけれど、もともと金額が少ないし、体を壊したらおしまいだから不安」といった反応なら、その対策について、相談につなげる流れができます。「税金」から話をすると「将来の不安」に行き着くのは、厳しい現状を反映しています。

⑧保険料の振込

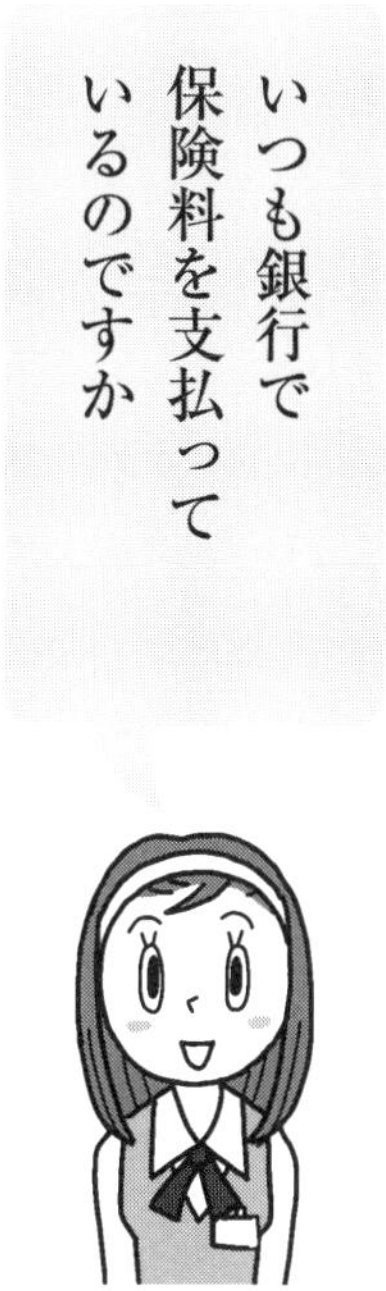
いつも銀行で
保険料を支払って
いるのですか

保険料払込みの代表的な方法は、銀行の口座振替と店頭での払込みです。口座振替は、一度設定すれば自動的に保険料が引き落とされるので便利です。

店頭での払込みは、コンビニエンスストアでも扱っており、銀行での払込みに比べて手間も時間もかかりません。しかし、このお客様は銀行の店頭に払込みに来ています。まず、その理由を聞いてみましょう。

「いつも銀行で保険料のお支払いをされているのですか?」と聞いて、「面倒だけど、仕方ないから」という反応なら、口座振替を勧めます。口座振替にすれば、自行の通帳がメイン口座になることが期待できます。

◆来店理由から潜在的なニーズを発掘

また、「いつもはコンビニで払うのよ」という反応なら、「では今日は何か目的があって、来店されたのですか?」などとつなげます。

すると、「今度海外旅行に行くので外貨両替をしようと思って…」など、来店した理由が聞けるはずですから、まずお礼を伝えてから会話を続けます。

簡単にコンビニで済む用事、ATMで済む用事をわざわざ店頭で依頼するのには、何か理由と店頭に対する期待があったはずです。それを聴くことで、お客様の潜在的なニーズもキャッチしやすくなります。

⑨公共料金の払込み

いつも公共料金は
コンビニでお支払い
されているのですか

公共料金については、コンビニで支払う人が多くなっています。ここまでは、前項と同じですが、中年女性と若い男性では、「口座振替」を勧める意味合いが少し異なります。なぜなら、現在、学生時代に口座振替の手続きをする人は、あまりいません。コンビニで支払う人が圧倒的に多いからです。

つまり、そういう人が社会人になっても、学生時代のまま、公共料金の支払いをコンビニで済ませているのです。社会人になると、学生のように時間がないため、ついうっかり払込みを忘れてしまうこともあるかもしれません。

◆まず口座振替を勧めてみる

ですから「お勧めされているのですか？」「今年就職しました」といった会話の後、「公共料金は、銀行やコンビニでお支払いされているのですか。不便ではないですか？」などとつなげます。「ちょっと面倒です」といった答えが返ってきたら、「口座から自動で引き落とす方法をご存じですか？」などと伝えます。

若い世代に口座を使ってもらうことは、今後のライフステージにおけるニーズ取込みにつながります。「鉄は熱いうちに打て」といいますが、「お客様は若いうちに囲め」が鉄則です。

⑩公的年金の引出し

年金は、偶数月に支払われますが、お客様が年金を引き出しに来たのが支給日なら、「年金が入ったんですね。うらやましいです」とか「定期的に入るお金は楽しみですよね」などと声をかけましょう。
「これだけでは足りないから、預金を取り崩す毎日だよ」という返事なら、投資信託のような「増やす」可能性のある商品にニーズがあるかもしれません。
また、「1ヵ月おきだからね。給料みたいに毎月だといいんだけど…」といった反応なら、「毎月分配型の投資信託」のニーズがある可能性がありますから「毎月、お小遣いが支払われる商品があるのですが、興味はおありですか?」などとつなげます。

◆悩みを引き出しニーズをつかむ

「年金だけで生活が賄える」とか「経済的に余裕があり、老後資金の心配はない」という人は多くないので、「年金がもらえていいですね」と話しかけると、「そんなことはないよ。不安だらけだよ」などと悩みを引き出しやすくなります。

また、長年サラリーマンをしていた人は、給料と違って1ヵ月おきにしかお金が入らないことを、寂しく感じるようです。その心理を聞いてあげると、いろいろなニーズが引き出せるでしょう。

⑪年金の振込指定

年金の振込指定に対しては、まず「ありがとうございます」と感謝の意を表すとともに、上席者にもあいさつをしてもらうとよいでしょう。

「予約」をもらった場合、定期預金の金利優遇等の特典があれば紹介し、「老後のメインバンク」

としての意識づけを行います。このケースに限らず、お客様の「過去」「現在」「未来」を話題にすると、会話はスムーズに進みます。

妻が来店した場合、まず「ご主人は、どんな仕事をされていたのですか？」と「過去」を聞いてみます。「学校の先生をしていました」「県の職員でした」「〇〇建設にいました」といった答えに反応して、会話をつなげます。

公務員なら年金額も多いと思われますし、会社名を答える人は、地場の優良企業に勤めていたケースが多いと思われます。

◆互いの距離を縮めて「これから」につなげる

次に「今はお仕事をされていないのですか？」とか「ご主人が退職され、毎日の生活は変わりましたか？」「いつもご主人と一緒で幸せですね」などと聞きます。「再就職先がなくて困っているのよ」とか「今まで頑張ってきたから、海外旅行に行きたいと話しているのよ」などと、お客様の反応でお客様の性格や考え方が分かります。

夫が定年退職したことについても、「毎日ゴロゴロされて自由がなくなっちゃった」といった反応から、「何でも手伝ってくれるので助かるわ」という答えまで、本当にさまざまです。このような会話でお互いの距離を縮めてから、「これから」の話をします。

「これから年金生活になるわけですが、いくらくらい年金を受け取られるのですか？」と単刀直入に聞いてもいいですし、「公務員をされていたなら悠々自適ですね」などと遠回しに聞いてもいいでしょう。「悠々自適ですね」と聞かれて「ええ」と答える人はめったにいないので、いずれにしても「老後の資金計画」という、話したいテーマにつながっていきます。

「ねんきん定期便の見方は分かりますか？　よろしければ、ご説明いたしますが…」といったトークもよく使われます。そして次は「これから送りたいセカンドライフ」について聞き、それに必要なお金と受け取る年金額、預貯金などについて聞き、一緒に老後のお金についてプランを練っていければ完璧です。

⑫定期預金の書替え

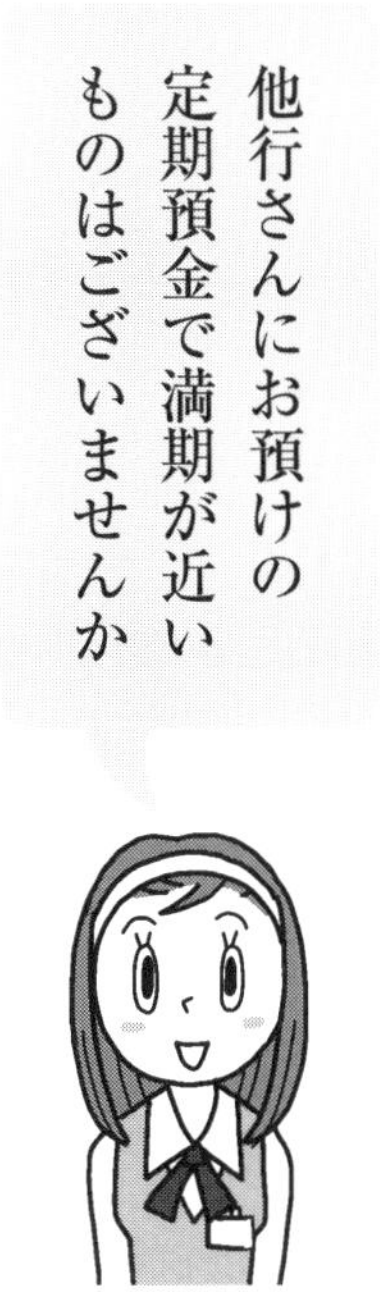
他行さんにお預けの
定期預金で満期が近い
ものはございませんか

給与所得者の定期預金は、ボーナスの受給時期に満期が集中しています。書替えに来店したお客様には、同じ時期に、自行以外の金融機関にも満期が到来する定期預金がある可能性が高いと考えられます。

キャンペーンなどで、金利上乗せの定期預金をセールスしている場合は、預替えによって金利特典が受けられることを強調すると効果的です。

また、忘れてはいけないのは、他行に預けている定期預金の満期を調べてもらうことです。他行の満期日が分かれば、渉外担当者への連携による訪問セールスなどで、他行からの預替えのセールスをより確実なものとすることができます。

店頭ではまず、「お書替えですね。ありがとうございます。すぐお手続きいたします」というお礼の言葉を述べます。その後、「ところで奥様。現在、他の金融機関にお預けの定期預金で、近いうちに満期になるものはございませんか？ 私どもでは現在、定期預金のキャンペーンを行っており、新たにお預けいただくと、通常の金利に上乗せした金利でお預かりいたします」「大変お得なキャンペーンですので、ぜひ他行さんの満期日をお調べいただき、預替えをお考えになってください」などと案内してみましょう。

◆定期預金満期後の使い道を尋ねる

また、定期預金の書替え時に預入れの期間を指定するお客様は、満期後に使う予定がある人も少なくありません。お客様の性別と年齢を考えて、予想される家族のライフプランを描いてみてください。

例えば中年女性なら、子供の進学や結婚、不動産購入などの資金が考えられます。窓口での対応は、目前の事務対応だけでなく、お客様の心理を意識した一歩進んだ目線で行うことが大切です。そこで、使い道が特定されていそうな場合は、お客様の反応を見ながら、次のように会話を展開させてみましょう。

「今回の書替えは1年ということですが、満期後に何かお使いになる予定がありそうですね。もし、ご家庭の中で大きなお金を使われる計画がございましたら、ぜひ教えてください。まだ先の話かもしれませんが、積立や目的別のローンなどのご利用について、早めにお話をさせていただけないでしょうか」

⑬相続預金の名義変更

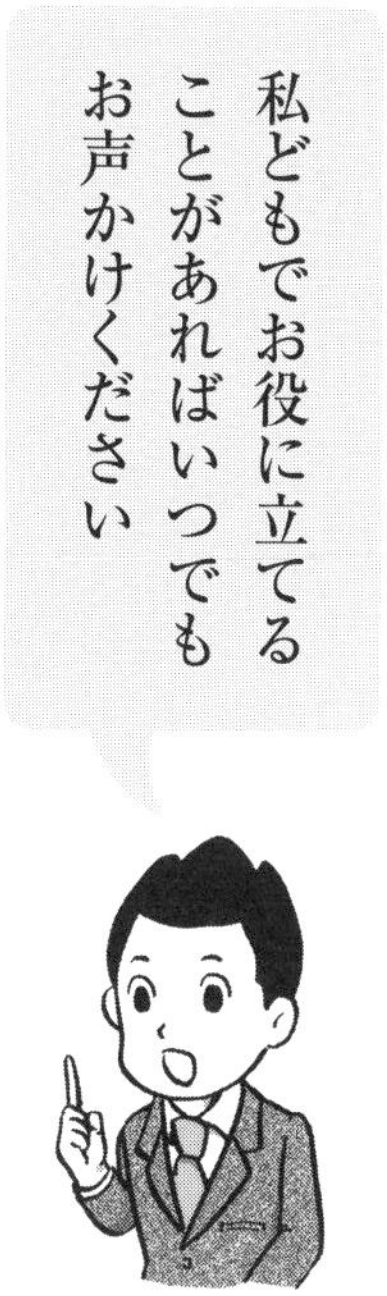
私どもでお役に立てることがあればいつでもお声かけください

相続預金の名義変更の手続きでは、法律の規定による相続人の確認が必要です。戸籍（除籍）謄本など、手続きに必要な書類を取り受けて確認することになります。

来店したお客様が、当該預金の相続人であることが確認できれば処理に移りますが、まずは故人に対するお悔やみと、長い間の取引についてのお礼の言葉を忘れないようにします。

「お亡くなりになられたお父様には、大きなお金をお預けいただいておりました。この度は本当にご愁傷様です。長い間のお取引につきまして、心よりお礼申し上げます」など、お客様の気持ちに寄り添った、丁寧な対応を心がけましょう。

また、セールスなどは最小限にとどめ、必要以上に足止めしない配慮も大切です。「相続によるご預金につきまして、引続きのお取引ありがとうございます。何かお困りのことはございませんか？　お力になれるかもしれませんので、何なりとご相談ください」と、必要であればいつでも相談を受けられることを伝えます。

◆取引へのお礼の観点でサポートする

また、高額の資産を保有する高齢者が亡くなった場合、相続する金融商品も多岐にわたることが少なくありません。手続き自体には大きな差異はないのですが、運用商品などは商品内容等の理解において、相続人が戸惑うようなケースも考えられます。こうした場合は、セールスの観点ではなく、取引へのお礼の観点からのサポートを心がけてください。

例えば、相続預金の名義変更の手続きの待ち時間に、「お父様からは、長い間大きなお取引をいただいておりました。生前、色々な商品で資産運用をされていると伺っていましたが、相続の手続きはご面倒ではありませんでしたか?」などと尋ねてみます。

お客様から、「色々な銀行に資産が分散していて大変だったんです」「実はこんな商品を相続したんですが、どうすればよいのか分からなくて…」といった話が出てきたら、「もしかしたら、私どもでもお役に立てることがあるかもしれません。不明な点などがございましたら、ぜひお声をかけてください」と話しておきましょう。

他行の取引も含め、相談してもらえる可能性が高くなるかもしれません。

⑭カーローンの申込み

カーローンの詳しい手続きについては、融資窓口に任せることになりますが、テラーとしても、ローンの申込みに伴う基本的なセールスはきっちりできるようにしておきましょう。カーローンのケースでは、今後生じる自動車のメンテナンスに伴う商品などをセールスするのがポイントです。事故や故障など、思いがけない出費への備えにはカードローン、また、突然のアクシデントには、出張修理サービス付きのクレジットカードなどのＰＲが効果的です。カーローンを足がかりにして、取引基盤拡大へのセールスに努めましょう。

◆今後予想される出費に備える

具体的には、お客様の待ち時間などを利用して、次のような話をしてみます。

「お車のご購入となると、オプション用品などのお金も必要になりますよね。事故や修理などの予期しない出費も考えられますし、そんな場合の準備として、あらかじめカードローンを作っておくと便利ですよ」
「また、事故や故障トラブルの際には、出張修理サービスが付いているクレジットカードもお役に立ちます。手続きは簡単ですので、この機会にご検討されてはいかがでしょうか？」

⑮住宅ローンの繰上返済

どのようなお金でのご返済なのか教えていただけませんか

住宅ローンの繰上げ返済については、その元となる資金を丁寧に確認します。土地の売買代金や相続預金、保険金、退職金などのまとまった資金による繰上げ返済の場合、返済金以外の資金が残っているはずです。この資金に焦点をあてて、どのような資産運用を計画しているかなどを聞き出し、取引拡大への糸口を見つけましょう。

なお、一括返済の場合、他行からの借換えによる返済の可能性もあります。これは金融機関として最も避けたいことですから、声かけをした後のお客様の様子や発言に注意し、財源を見極めましょう。

◆返済資金の性格により対応する

対応としては、「繰上げ返済は、まとまったご資金によるものと推察いたしますが、差支えなければ、どのようなお金でのご返済なのか、教えていただけませんか?」と聞いてみます。

返済金以外にまとまった資金があるお客様には、資産運用相談について案内できます。もし他行からの借換えによる返済の場合は、「よろしければ、条件等を伺えませんか?」と、借換えの条件などを訪ね、自行で対応できることがないかを検討しましょう。

⑯子供のお年玉の預金

初めての口座を開設していただきうれしいです

お客様の子供は、将来の大切な見込客です。一緒に来店したときに子供にも話しかけることが、テラーのイメージアップになります。親は子供の喜ぶ顔を見たいものです。

自行で、生まれて初めての口座を開設してもらうような場合、これを重く受け止め、丁寧にお礼を伝えましょう。従来口座への入金でも、継続して取引してもらっていることに、感謝しなくてはいけません。

お年玉の預金そのものは少額であっても、見逃してはならないのは、なぜ自行の窓口へ来店してくれたのかということです。それは、このお客様にとって、自行がメイン行だということに他なりません。この気持ちを忘れてはいけません。

◆親子それぞれに声かけをする

まず、子供には「ご預金ありがとうございます。お年玉、いっぱいもらってよかったですね。お正月は楽しかったですか？」などと優しい声かけを心がけます。

お客様には、「早速にお越しいただきまして、ありがとうございます。お子様の初めての口座の開設で当行を選んでいただきまして、本当にうれしいです」などと伝え、できれば教育に対する考え方なども聞けるとよいでしょう。

⑰外貨両替・T／Cの購入

外貨両替は通貨の種類により、すぐに両替できるものと、本部から取り寄せるものがあるので注意します。米ドルやユーロはすぐに対応できますが、後進国の通貨などは、空港での両替のほうが便利なこともあります。

海外で現金を持ち歩くことには危険を伴うため、これを避けるために、もし盗難に遭っても、簡単な手続きで払戻しや再発行が可能な、トラベラーズチェック（Ｔ／Ｃ）を準備することをアドバイスしましょう。

また、事故や病気・ケガに備えて、海外旅行傷害保険付きのクレジットカードのセールスなども有効です。

◆行き先や目的を尋ねてみる

海外旅行へ行くお客様には、「どちらへ行かれるのですか？」「お仕事ですか？」と行き先や目的などを尋ね、会話を広げてみましょう。そして、「海外で多額の現金を持ち歩くのは危険ですから、トラベラーズチェックのご利用が賢明です」と案内します。

クレジットカードを紹介する場合は、「海外旅行傷害保険つきのクレジットカードがあるのをご存じですか。トラベラーズチェックよりさらに使い勝手が良い点もあって、利用が増えています」「ホテルのチェックインには預かり金（デポジット）が必要となります。クレジットカードがないと多額の現金を請求されますので、ぜひご用意しておきましょう」と展開しましょう。

⑱外国への送金

外国送金を初めて行うお客様は、手続きで分からないことも多いと思います。そこで、まずは手続きについての丁寧な説明が必要です。

そのうえで、今後も外国送金のニーズがあるのか、どんな目的で、いつ、どれくらい必要なのかなど、送金の背景を聴くことで、金利や為替優遇等の外貨定期預金のキャンペーン等の案内につなげることができます。

ただし、外貨定期預金は、6ヵ月や1年などと預入れの期間が決まっているため、お客様にとって必要な情報かどうか、よく注意して提案することになります。

◆為替レートに対する反応を見る

例えば、手続きを受けながら「ドルでのご送金ですね。今は以前より少し円高になって、よかったですね。外国へはどのくらいの頻度で送金されるのですか?」などと投げかけてみます。

「娘がアメリカに留学していて、今後何年か仕送りがあるの。何か考えなくてはいけないかしら」といった返事なら、目的や必要額が分かります。

「今後も仕送りの予定がおありなら、この時期に外貨の運用をされて準備するのもひとつの方法です」と提案してみましょう。

⑲キャンペーンへの質問

低金利が続く中、「少しでも金利の高い銀行に預けたい」と考えているお客様は多いものです。場合によっては、投資信託などのリスク商品を勧められることもあります。銀行が、投資信託などを扱い始めてからかなりの年数がたつので、お客様の中には、親族や友人がリスク商品を保有している人も多くいます。

しかし、お客様が周囲に聞いているのは、正しい情報ばかりとは限りません。そこで、信頼を築いたうえで、お客様に合った内容で提案することを心がければ、新たなニーズを発見することにつながるでしょう。

◆他行預入れの状況を聞いてみる

まず、定期預金のキャンペーンについては、「ありがとうございます。店頭金利にこちらの金利が上乗せとなります。失礼ですが、どちらかで満期がおありですか?」と、お礼を伝えつつ、他行への預入れの状況を聞いてみます。

「そうなの。でももう何年も金利が低いので…」といった回答なら、「近年は、定期預金だけでなく、ご要望を伺ったうえでご希望に沿った内容で提案させていただいております。本日は少々お時間がございますか?」などと展開してください。

⑳年金に関する相談

お客様はご自身で
何か準備を
されていますか

高齢のお客様は、「ねんきん定期便」などの郵便物について、「どう見たらいいのか」「大切な書類かどうか分からない」と、窓口に持参することがあります。会話の中からお客様の思いや不安、希望を知るチャンスですから、面倒と思わずに対応してください。

◆将来への不安について掘り下げていく

例えば、「ねんきん定期便が来たんだけど、他に聞けるところがなくて…」と窓口に来たお客様には、「お声かけいただき、ありがとうございます」といって、見せてもらいながら話をします。「最近年金も少しずつ減ってきているけれど、これからどうなるのかしら」といった不安が出てきたら、「確かにそうですね。お客様ご自身で何か準備をされていますか？」と、今後の考え方を聞いてみましょう。

「何もしていないけど、どうすればいいのか…」という場合は、「お客様に限らず、近年そのようなお声を聞くことが増えています。ねんきん定期便の見方をお伝えした後、お話を伺いながら今後のお手伝いができればと思いますが、お時間はございますか？」と尋ね、お客様が不安に思っていることなどを、詳しく聞いてみましょう。

㉑幼児を連れての来店

お子様の将来のためめの貯蓄は大切ですよね

幼児を連れたお客様は、毎日が忙しく、来店のチャンスは少ないのが現状です。友人同士で簡単な情報交換はしていても、個人の生活環境や考え方は違うので、実際は教育費ひとつでも金額に差があります。

お客様の生活状況や今後の希望を聞き、教育資金の話から、住宅ローンや夫の保険のことなども含め、ライフプランの提案につなげる展開も大切です。

◆教育資金として学資保険などを案内する

子供の口座開設などで乳幼児を連れて来店したお客様には、お礼とともに、どんな性質のお金なのかをさりげなく聞いてみましょう。

「色々お祝いをもらったので、今から別にして貯めておこうと思って」ということであれば、「お子様の将来のための貯蓄は大切ですよね。そのようなお客様から、ご相談を承ることも多いですよ」と会話を広げます。

「今後の景気などを考えると、色々なことを考えておきたいという方は多いですが、どちらかで学資保険などは、ご検討いただいていますか？」「教育資金は、住宅資金等と同様、大きな出費です。当行でもお役に立てる商品をご用意しています」など、お客様の反応を見ながら、会話を展開してみましょう。

㉒買い物帰りの来店

女性のお客様には、買い物が好きな人が多くいます。こうしたお客様とのコミュニケーションとして、洋服や食べ物、インテリアなどの話題は欠かせません。

何気ない話題から、お客様の生活水準や求めているもの、家族構成等を把握できれば、それがお客様に合ったニーズを発見することにつながります。色々なものを見たり聞いたりして、興味を持つことにより、想像力を養ってください。

◆買い物の話題について展開する

まずは、「本日は、お買い物帰りでいらっしゃいますか。私のお客様にもショッピングがお好きな方が多く、皆さん楽しんでおられます」などと声をかけてみましょう。

「私もついつい買い物してしまうの。でも以前と違って定期の金利が低いのよね。主人の年金も貯蓄もあるから心配はしていないけど、もう少し金利が付くとお小遣いになるのに…」といった不満が出てくるかもしれません。

金利収入が減っても、生活水準を下げたくないという人は多いものです。「皆さま同じようなご意見をお持ちです。お時間があれば、少しお話しさせてください」と伝え、資産運用に対する興味を聞いてみましょう。

㉓新券への両替

お祝い事の準備などで、新券への両替に若い女性が来店することがあります。最近の若い女性の中には、貯蓄に興味がある人も増えています。女性誌にも金融商品や経済の記事が増えており、こうしたお客様への声かけは、同じ世代だからこそ親しみを持ってもらいやすく、色々な話を聞ける可能性があります。積極的にアプローチしましょう。

◆将来についてのお客様の考え方を聴く

まず、「今回はお祝い事でございますか?」と聞いてみてください。お客様は、「週末に友人の結婚式があるけど、忙しくて仕事の合間に寄ったんです」などと答えてくれるはずです。

「お祝い事はうれしいことですね。最近は、若い方も節約するところはきちんと節約し、将来への貯蓄のご相談で来店される方もいらっしゃいます。女性でお仕事をしている方も増えましたね」とつなげてください。

「年金も不安だし、今後結婚したとしても男性頼みではなく、自分でも貯蓄しないと」など、お客様の考え方が聞けたら、「まだお若いので将来に向けた準備はいくらでもできますよ」「お仕事帰りや休日相談会もございますので、ぜひご利用ください」と案内しましょう。

第３章

通帳情報から声かけを実践する

1．通帳の利用状況からの展開例

①多額の預金がそのままになっている

一定額以上の預金残高（個人の場合100万円以上が目安）が、普通預金に継続して預けられたままになっているお客様は、生活資金に余裕があると判断できます。このような場合は、普通預金の平均残高の30%を目安に定期預金への振替セールスを行うと、お客様の納得を得やすく効果が上がります。

まずは「いつも大きなお金をお預けいただき、ありがとうございます」と、日ごろの取引に対する感謝を述べたうえで、「お客様は、これからも運用は預金でとお考えなのですか。当行では、いろいろな商品を取り揃えております。普通預金にこのまま置いておかれるより、安全で利息面でも有利な定期預金への預替えのお話を、ぜひさせていただけませんか」と提案してみましょう。

一方、このようなお客様には、定期積金のセールスも効果的です。こちらは平均預金残高の３％を目安に、月の掛金として契約額を提案すると成約率が高まります。とはいえ、お客様の中には、定期積金で月々に引き落とされる金額が、生活資金にどのくらい影響を与えるのか心配する人もいます。

ですから、この心配を取り除くと話が進みやすくなります。

まずは、具体的に契約額を示したうえで月の掛金を算出すると、定期積金を始めても生活にゆとりが感じられることを、お客様自身が実感します。このように、数字に落とし込んで提案することで、セールスの効果はより高まるのです。

◆定期積金の効果について説明する

以上のとおり、多額の普通預金残高があるお客様へのアプローチの基本は、「お客様自身がそのお金をどう運用したいか」ということを前提に、それに則した商品を提案することが重要といえます。

例えば、「いつも大きなお金が普通預金に入っていますね。お客様でしたら、この中から毎月３万円程度を定期積金に回しても、あまり心配ないのではありませんか。仮に、月々２万８０００円ずつ積み立てていくと、３年で約１００万円貯まります。積立の効果が実感いただけるのではないでしょうか。この機会にぜひご検討いただけないでしょうか」といったトークを展開させると、納得を得やすいでしょう。

②多額の給与振込がある

現在どのような
商品をご利用
されていますか

通帳を見て月末の残高が継続して増加しているお客様は、一般的に生活に余裕があると考えられます。ただし、単純に給与振込額が大きいというだけでなく、月の収支バランスを比べて判断することが大切です。

アプローチとしては、収入が支出を上回っている額を話題にして、資金の運用目的に合った商品を紹介していきます。

◆ライフステージや家族状況などを確認する

また、このときお客様の職業や外見とともに、ライフステージや家族状況、資金の余裕度などを会話からキャッチしていきます。正確な顧客情報を得たうえでニーズを確認して、適切な商品を提案しましょう。

実際には、次のようなトーク展開が考えられます。

「通帳残高を拝見すると、ここ最近、お手元の資金が増えていますね。やはり、お給料の額が多いと増え方も違いますね。お客様には、きっとゆとり資金も十分おありかと思います」

「資金の運用については工夫されていると思いますが、よろしければ、一度どのような商品を利用しているのかお聞かせください。私どもからも、お客様の運用目的に適した商品をお勧めさせていただければ幸いです」

③給与が増減している

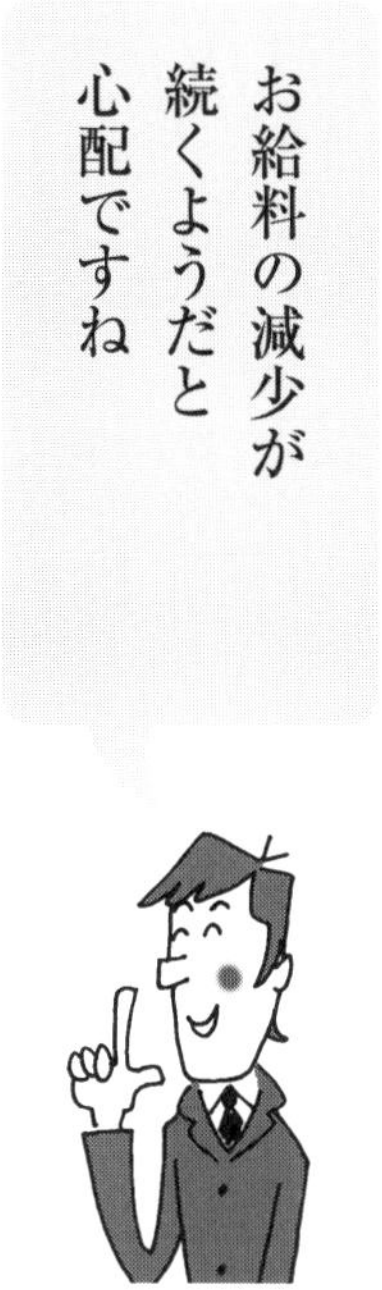

ここでは、給与を給料と賞与に分けて考える必要があります。まず給料の増加要因としては、昇進によるものなどが推測されます。勤務先の業績が好調なこともありますが、その場合は、賞与に反映されることが多いでしょう。

給料の増加が一時的ではないこと、またその要因が、どのように生活資金にプラスになるかをお客様と一緒に考えていくようにアプローチすると、話が自然に進み、積立のニーズ発掘などにつながります。

◆収入減少の場合は慎重にヒアリングする

一方、通帳残高の減少要因については、慎重な声かけを心がけ、一方的に要因を探るようなことをしてはいけません。生活設計への影響が考えられる場合は、そのお手伝いをするというスタンスでローンを提案していきます。

そこで、次のようなトークを展開させると有効です。

「お給料をお振込いただき、ありがとうございます。ところで、さしでがましいのですが、ここ数ヵ月、毎月のお給料の額が減っているように感じます。何か特別なことがおありなのでしょうか。もし、今後も減少が続くようでしたら心配ですね。ローンなどでお手伝いできることがあれば、何なりとお申しつけください」

さらっと話すことがポイントです。

④ボーナスの入金がある

ボーナスと思われる入金があるお客様への声かけは、まずその使い道をヒアリングすることから始めます。

お客様もある程度の予定を立てているはずですから、いきなり商品をセールスしても成功しません。使い道を聞き出したうえで、使う予定が決まっていない資金について、アプローチするのが効果的です。

◆安全性の高い商品に絞って勧誘する

始めは、次のトークのように、定期預金など安全性の高い商品に絞って勧めていくと、話が進みやすくなります。

「ボーナスがご入金されていますね。ありがとうございます。ところで、もう使い道はお決まりですか？　もし、すぐお使いでなければ、定期預金に振替されてはいかがですか？　このまま普通預金にされたままより、利息面でお得ですよ」

さらに、ゆとり資金も十分蓄えていると推測されるお客様には、投信などの運用商品を含めてPRするとよいでしょう。

一方、すでに使い道が決まっているお客様には、ライフプランに基づいた資金準備計画についてヒアリングしてみましょう。うまく話が進めば積立やローンなど、いろいろな資金ニーズの発掘につながります。

⑤年金の入金がある

今後の生活に
必要な資金の準備は
お済みですか

通帳に年金が入金されているお客様には、「老後をいかに豊かに安心して暮らすか」といった観点から、今後の資金計画についてお客様の相談に乗り、一緒に考えるスタンスで取り組むことが大切です。

退職金と年金だけでは、老後の生活が不安と考える人が多くいます。この不安を貯蓄や運用を勧めることで、少しでも解消できるようお手伝いしていきましょう。

きっかけとしては、本人だけでなく家族状況を踏まえて、今後の生活設計に話を展開させます。そして、お客様の資産・資金の状況を確認したうえで、適切な商品を提案していくことがセールスのポイントです。

◆老後資金の運用について説明する

実際のトーク展開としては、次のように行います。

まず「年金のお受け取り、いつもありがとうございます」と感謝の意を述べて、「通帳を拝見しますと、月々の生活にもゆとりが感じられますね。これからの生活に必要な資金は、すでにご準備されているのでしょうか。本日は、老後を安心して暮らすための資金運用について、少しお話しさせてください」などとアプローチしていくと効果的でしょう。

少しでも不安があるなら、話に耳を傾けてくれるはずです。

⑥家賃収入の入金がある

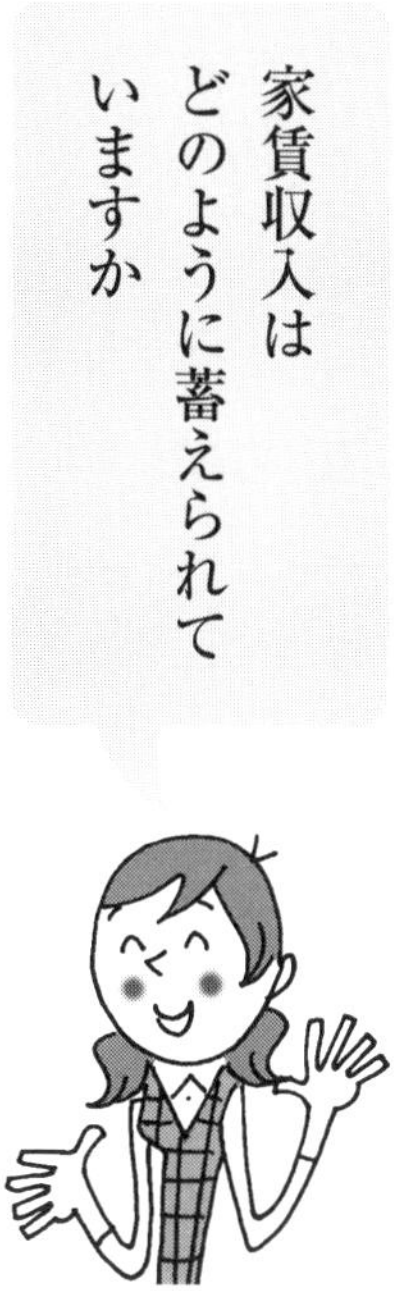

家賃収入の振込口座として利用しているお客様は、自行がメインバンクと考えてよいでしょう。なお、家主のお客様の中には、地域のオピニオンリーダー的な人も多くいるため、丁重な対応が必要です。

まずは、家賃収入が生活資金の中でどんな位置づけにあるかを確認し、その中で余裕資金と思われるお金について話を振ります。家賃収入の使い道を、①これから使うお金、②貯めるお金、③増やすお金に分けると、説明が伝わりやすいでしょう。

◆使い道から余資運用の提案に展開させる

トーク展開としては、「お家賃の振込口座として当行をご利用いただき、ありがとうございます」と感謝を述べたうえで、「失礼ですが、お家賃の運用についてはどのようにお考えですか？　通帳からはローンのご利用も見受けられませんし、余裕資金についてはどのように運用されているのですか？」

「今後、賃貸物件のリフォームの計画等もおありでしょうし、お客様のさまざまなプランについて、一緒に考えさせてください。家賃収入をベースとして、資金目的に適した運用商品もご紹介いたします」といった展開で進めるとよいでしょう。

⑦児童手当の入金がある

子供の話を振られて、嫌な気持ちになるお客様は少ないのではないでしょうか。まずは、子供の年齢や学年などについて話題を投げかけ、情報収集を行います。

子供の人数は、児童手当の金額から推測できます。３歳未満は月額1万5000円、３歳から小学生は1万円（第一子・第二子）または1万5000円（第三子以降）、中学生は1万円となります。

２人以上いる可能性がある場合は、「何歳と何歳のお子さんがいらっしゃるのですか？」と聞いてみるのもよいでしょう。

◆教育費の準備としての積立などを提案

子供のいる家庭は、教育費の準備について関心が高いと思われます。そこで、今後かかる費用の不安点などを聞きながら、今から少しずつ積み立てて準備していく方法を紹介します。

子供が独立するまでにかかる教育費は、被服費なども含めると、一般的に１人あたり約１５００万円といわれています。進学するのが国公立か私立かなどによっても金額が変わってくるので、進学希望についても話を聞き、お客様に具体的なイメージを持ってもらうことも大切です。

⑧証券会社からの入金がある

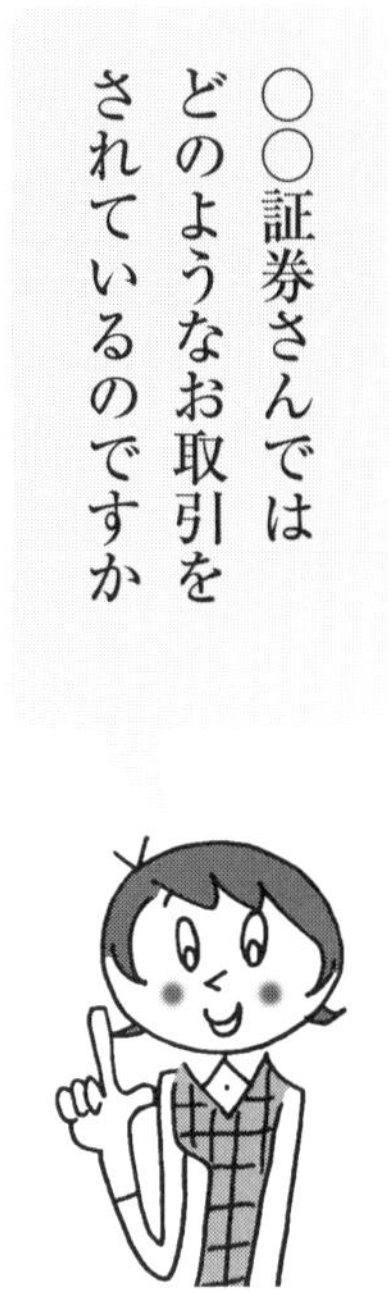
○○証券さんでは
どのようなお取引を
されているのですか

証券会社から入金がある時点で、お客様が何らかの運用をしていることが分かります。運用の目的や考えについてヒアリングするために、現在の経済動向や社会保障制度について、話題を振ってみましょう。

お客様から何かコメントが返ってきたら、マーケット情報や社会保険・年金に関するニュースなどの情報提供をしながら、問題意識のすり合わせをしていきます。

興味のあるポイントを深めるだけでなく、お客様が気づいていない問題点を提示することで、情報量が多く、将来について一緒に考えられる担当者であるという印象が与えられます。

一方、お客様からの反応がなかったら、こちらから最近の話題や意識しておきたい問題点を伝えてみましょう。例えば、ギリシャやイタリアなどユーロ圏の国々の財政問題から、国債の利回りが高くなっています。つまり、それだけその国の財政リスクが高いということです。

投資経験がある人の多くは、何らかの形でユーロ圏に関連する資産運用を行っているはずです。為替であれば、よりダイレクトに投資をしていることになりますし、投信であれば先進国の株式や国債に投資する商品の多くが、ユーロ圏にも投資をしているため、この話題は投資経験のあるどのお客様にも必要な情報になります。

◆運用の目的や方針を確認する

また、「○○証券さんでは、どのようなお取引をされているのですか?」と、具体的に聞いてみるのもよいでしょう。

銀行でも運用商品を扱っていることを知らないお客様もいるので、「現在運用されている商品と似たタイプのものを、当行でも取り扱っています。お客様と同じように将来に不安を感じて、預金以外の運用もしなければと考えている方が多いです」といった声かけも有効です。

証券会社からの入金が投信の分配金の場合は、分配金を定期的に受け取っている理由を聞いてみます。もし、すぐに受け取る必要がない場合は、分配金を再投資して運用資産を積み上げていくことで保有口数が増え、口数に応じて分配金が増える可能性を伝えることで、運用方針や資産形成の目的を会話の中で確認できるかもしれません。

⑨退職金と思われる入金がある

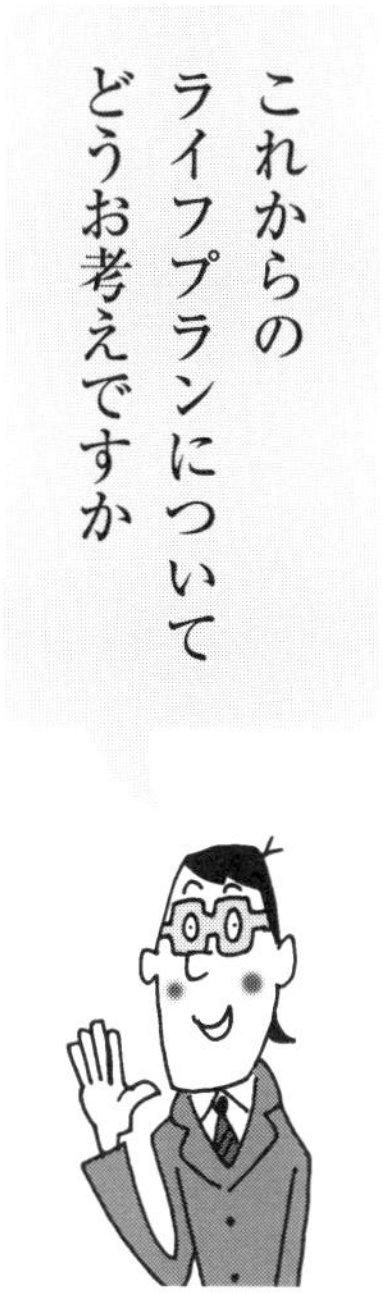
これからの
ライフプランについて
どうお考えですか

最近は、退職後も嘱託として働くケースが多く、定年後のライフプランは多様化しています。また、退職金をそのまま住宅ローンの返済に充てる人も多く、さまざまな資金使途が想定されます。まずは、お客様の今後のライフプランについて聞き、特に年金収入だけになったとき、生活費が準備できているかを一緒に考えられるとよいでしょう。

この先仕事を続ける場合でも、完全に離職する場合でも、老後に希望する生活スタイルについて、生活費はどう賄うのか、住む場所は今と変わるのか、趣味をどう楽しむか、子供に対する資金援助の予定はあるのかなど、具体的な生活イメージを持てるような質問をしてみましょう。

生命保険文化センターの調査（「生活保障に関する調査」平成25年度）によると、退職後の夫婦の場合、毎月35万4000円ほどあれば、ゆとりある生活ができると考える人が多いようです。ただ、この金額を年金だけで賄うのは、なかなか難しいと思われます。

むしろ、時間に余裕ができることで、余暇を楽しむ機会も増えると考えるなら、現在想定している生活スタイルより、少し支出が増えるかもしれません。そのためにも、この先どう暮らしていきたいかということに対し、メドを立てておくことは非常に大切です。

◆家族間で家計の情報共有を勧める

退職金を住宅ローンの返済に充てる場合は、完全に退職した後の生活費の準備が不可欠です。年金水準を考えると、貯金を取り崩さなければならない状況になることは必至でしょう。年金以外に、3000万円は必要との調査結果もあるため、この金額をひとつの目安として、準備ができているか、不安な点はないかを確認してみましょう。

これまで忙しく働いてきた人の家庭では、家計の情報が共有されていないことも多いです。家族間の家計に対する認識にズレがあるまま、将来の備えに対して行動を起こすと、後々トラブルが生じることがあります。

とりわけ、自分や家族の万が一の事態を視野に入れる時期のため、家計管理の中心になっていた人に何かが起こる前に、家族でお金について考える機会を持つことを勧めてみてはいかがでしょうか。退職金だけでなく、家族全体の資産についてもフォローする機会が得られます。

⑩保険金と思われる入金がある

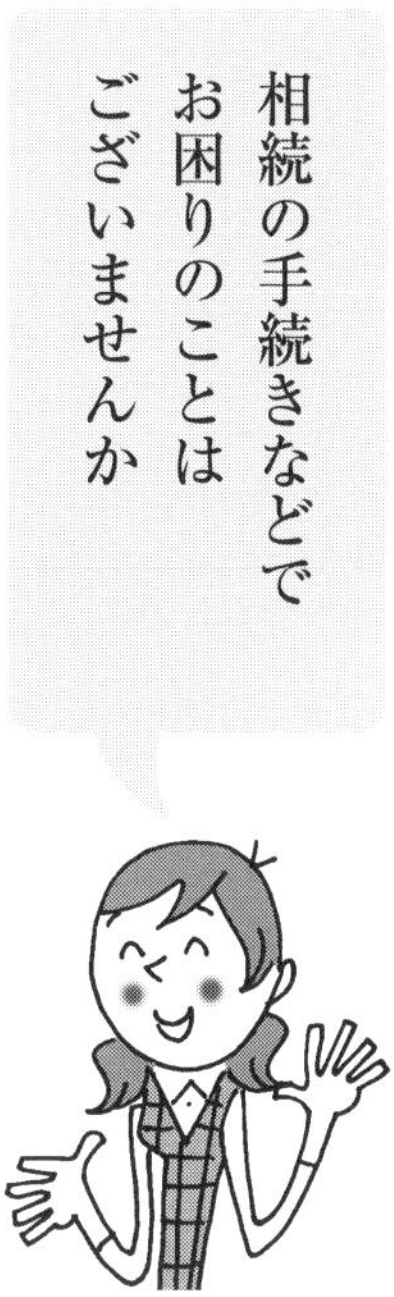
相続の手続きなどで
お困りのことは
ございませんか

まとまった保険金が入金されている場合は、死亡保険金や満期金である可能性が高いと思われます。満期金であれば、今後のマネープランを考えるきっかけとして話しやすいと思いますが、死亡保険金の場合は慎重な対応が必要です。

お客様の状況が落ち着いていないこともあるため、資産管理についてアドバイスをするというよりは、相続の手続きなどを案内するにとどめます。相続時は対応すべきことが多く、お客様が混乱していることもあるので、１つひとつやるべきことを整理しながら、親身になって相談に乗ることが第１です。

状況が落ち着いてきて、今後の資産管理について考える時間ができた、というお客様には、家族構成やライフプランについての話をします。

特に子供がいる場合は、今後の進学予定や資金援助について考えていきます。また、特に使途が決まっていないという場合には、老後の生活費準備について、お客様のリスク許容度に合わせて話を進めましょう。これは死亡保険金だけでなく、満期金についても同様です。

◆保有資産全体を把握してアドバイスする

預金も金融商品のひとつであり、預金資産に偏ることのリスクもあります。金額ベースでは目減りしなくても、今後インフレになった場合には、お金の価値そのものが下がってしまうおそれもあるため、こうした事態を踏まえて資産配分を考える必要があります。

お客様には、これまでの資産運用の経験について話を聞き、自行以外での資産形成についても教えてもらうことで、ベストな提案が可能になります。

そこで、「保険金のご入金があると、このお金の運用にばかり目が行きがちですが、資産全体で考えることが欠かせません。現在の保有資産について、詳しく教えていただけますか？」などの質問が有効でしょう。

中には、受け取った保険金は自分の資産として考えず、子供に引き継ぎたいというお客様もいると思います。その場合は、生命保険を活用することで税額控除が受けられる等、メリットとなる情報を伝え、次世代相続を視野に入れた提案をするために、相続予定者はだれなのか、どう引き継ぎたいのかなど、希望をしっかりとヒアリングしてください。

⑪水道光熱費の額が高い

ここでは水道光熱費の額が高いお客様の中から、生活水準の高い富裕層のお客様や自営業のお客様、すなわち、ビジネスチャンスが多いお客様を発掘することになります。

水道光熱費（電気・ガス・水道）の額は、４人世帯で毎月１万９０００円から２万６０００円というのが平均的な水準で（隔月の水道料金は月平均）、使用頻度により１月から３月がピーク、６月から８月がボトムという傾向があることを覚えておきましょう。

◆事業をしているのかどうか聞いてみる

口座振替や窓口での水道光熱費の支払額が多い人へは、利用のお礼の後に「水道光熱費って結構かかりますよね」と共感しながら、「私の家（実家）では月２万円程度ですから、○○様は大変ですね」と平均値を自分に置き換えるのも一考です。

「何かご商売でもされているのですか？」と質問することで、事業主の人であれば、「失礼ですが、どういうご商売をされているのですか?」と、事業をしていない人であれば、「私の家の○軒分の光熱費ですね。維持するのも大変ですね。この金額ですと6部屋くらいあるのですか?」などと、お客様との会話を深めていきましょう。

⑫家賃等が上がっている

家賃等が上がっている場合は、お客様の生活の変化をキャッチすることが目的となります。世帯人数ごとの平均的な水道光熱費は、1人世帯で9000円から1万1000円、2人世帯で1万4000円から2万円、3人世帯で1万7000円から2万4000円、4人世帯で1万9000円から2万6000円です。家賃は地域やグレードなどによって異なりますが、数万円から十数万円というのが一般的です。

◆生活の変化について質問してみる

通帳などを見て家賃や水道光熱費等が上昇していたら、生活環境に変化があった可能性が高くなります。利用のお礼の後に「家賃（水道光熱費）って結構かかりますよね」と同調しながら、「このところ家賃（水道光熱費）が上がって大変ですね」「環境に何か変化でもありましたか？」と質問してみましょう。

結婚等による生活の変化は、配偶者や子供の新規口座作成、今後の自宅取得に向けた貯蓄（預金や積金、投信など）や住宅ローン、保険の新規契約、新生活に向けたクレジットカードやローンカードなどのニーズも考えられます。

⑬教育費と思われる引落しがある

まず、学習塾や授業料などの負担に関するお客様の考えや悩みを聞いてみます。それは、教育ローンや他行の住宅ローン借換え、保険の見直しなどのニーズにつながります。

では、教育にはどのくらい費用がかかるのでしょうか。学習費総額（学校教育費、学校給食費、学校外活動費）年間金額は、幼稚園は公立約23万円、私立約48万７０００円、小学校は公立約30万６０００円、私立約１４２万２０００円、中学校は公立約45万円、私立約１２９万５０００円、高等学校（全日制）は公立約38万6000円、私立約96万7000円となっています（文部科学省平成24年度「子どもの学習費調査」）。大学卒業までに、1人につき1000万円から2000万円ほどかかるのも納得できます。

さらに、家計全体を見ると、勤労者世帯（いわゆるサラリーマン世帯）の1年間の平均収入（実収入）は、1世帯あたり624万3000円、このうち世帯主の収入は498万4000円です。また、実収入から税金や社会保険料など世帯の自由にならない支出を除いた、いわゆる手取り収入は508万円です（総務省「家計調査」平成26年）。手取り収入を中心に教育関連の費用が支払われるのを考えると、かなりの負担となっていることが分かると思います。

このように大まかな金額を押さえておけば、よりお客様の気持ちや立場に立って話ができるのではないでしょうか。

◆家族状況についてもヒアリングする

そのうえで、利用のお礼の後に、「教育費って結構かかりますよね。大学まで出すと、お子さん1人に1000万円から2000万円くらいかかるようですね」と切り出してみましょう。

さらに会話が弾んだら、「お子さんは1人ですか?」と家族状況についてもヒアリングすると、お客様の教育費負担の全体もイメージしやすくなると思います。

「収入は簡単に増やせないし、教育費もなかなか減らすことができないので、他で減らせる部分を見つけるしかないですね」「よくいわれるのが、住宅ローンや保険契約の見直しです」と話題を掘り下げていくと、皆さんが手伝えるポイントも絞られていくでしょう。

⑭趣味の授業料引落しがある

お客様の生活水準を把握することで、富裕度を測るのが目的となります。

趣味（テニス、英会話等）のレッスン料の引落しがあるお客様は、自分自身にお金が使える人といえます。富裕度が高ければ、預かり資産などビジネスチャンスも多いと思われます。まずは親交を図りましょう。「もう長く通われているのですか？」「週（月）に何回くらい通っているのですか？」と声をかけ、お客様のフィールドに入ることから始めます。

◆会話の中から家族構成や経歴を確認する

さらに「自分に投資するのって、良いお金の使い方ですね」「できれば昔みたいに預金の利息で賄えたら理想ですね」と切り出せば、「今の低金利では難しい」→「運用の必要性」とつなげられるかもしれません。

また、家族構成や経歴を話の中で聞いておきたいものです。趣味で会話が弾んだ後、「お取引いただいて長いのですか?」などとお客様の歴史に話が及べば、情報収集もしやすくなります。「お仕事の関係で口座を開いていただいたのですね。失礼ですがどういったお仕事を?」など、自然に情報が得られるよう話法も工夫しましょう。

⑮ゴルフ等の会費引落しがある

ここでも、前項と同様にお客様の富裕度を測ることができます。

ゴルフや乗馬、会員制リゾートなどの会費は、引落し金額が数万円から数十万円と、ある程度の金額となります。しかも、収納代行会社名（○○ファクターなど）で引き落とされていることもあるので、「随分金額の大きい引落しですね」とさり気なく聞いてみるのも得策です。

ゴルフ等の会費だった場合は「良いご趣味ですね」「よく行かれるのですか?」「使い勝手はどうですか?」「ご家族も行かれるのですか?」などと話を広げ、親交を図りましょう。

◆まずは仲良くなり自分を覚えてもらう

特に、これらの費用を負担している方は富裕層である可能性が高いので、すぐにセールスに結びつけようとせず、まずは仲良くなる（皆さん個人を覚えてもらう）ことを目的に、世間話に徹してみてもよいでしょう。

また、総務省「家計簿からみたファミリーライフ（平成26年）」によれば、ゴルフのプレー料金は、世帯主が60歳代の世帯で最も支出金額が多く、最も少ない30歳未満の世帯の8・1倍になります。ある程度の年齢のお客様ということですので、話し方などマナーにも気をつけましょう。

⑯住宅ローンの返済が多い

展開できるストーリーを考えてみましょう。

「住宅ローンを組んだけど、返済額が多くて大変」という人なら、どんなことを言われたいでしょうか。「①お若いのにマイホームをお持ちなんですね」「②きっと豪華なお宅なんでしょうね」「③

返済方法を見直すお客様が増えています。一度、相談させていただけませんか?」といったアプローチが喜ばれるのではないでしょうか。

◆期待感を抱かせるような会話を

①は住宅ローンの確認(ローンを返済中であることを認知したというサインでもある)、②は返済額が大きいことを「豪華な家」(多額の借入金)という表現で確認したもの、③は借換えにつなげるトークです。

「金利が高いときに組んだが、今ならもっと有利な借り方があるのか?」という思いを持つ人なら、「○○さんは良い会社にお勤めなので、返済は余裕なのですね」「今、金利が下がっているのはご存じですか?」「一度試算させていただけませんか?」などのトークでニーズ喚起が可能です。「自分にとって特になる提案をしてくれるかもしれない」という期待感を抱かせる会話が求められます。

⑰クレジットの引落しが多い

一般的にローンの返済が多い、クレジットカードの引落しが多いといったことを、私たちは「マイナス」の事象として受け止めがちです。しかし、住宅ローンなら良い家に住んでいる、マイカーローンなら高級な車に乗っていると考えることもできます。

同じように、クレジットカードの引落しが多いのは、古い言葉でいえば「リッチな生活」をしているからかもしれません。引き落とせないと思えば使いませんから、毎月きちんと引き落とされているということは、それなりの収入もあるということに他なりません。そういう視点で話しかけてみましょう。

◆計画的に貯蓄するニーズを喚起する

例えば「海外旅行でお買い物されたのですか？　円高になってよかったですね」といった声かけをしてみましょう。

お客様も優越感を感じ、気持ちよく話してくれる確率が高まります。自分のマイナスの部分を話しやすくなり、「つい使いすぎちゃって返済が大変」といった答えが返ってきやすくなります。そしてさらにいえば、お客様との距離を縮めることで、計画的に貯蓄をするというニーズを喚起しやすくなります。

「お金が大切ではない」と思う人はいないのに、大切にできない人もいるのです。貯蓄の第一歩をお手伝いすることができれば、後できっと感謝されるでしょう。

⑱保険料の払込みが多い

雑誌などFPの家計診断では、保険の見直しが大きなウェイトを占めています。それだけムダが多く、見直しが可能だということです。しかし、あえて「充実した保障を確保されているんですね」などとプラスの表現で投げかけてみます。

保険料が多いというのは、保障が充実しているということでもあります。そして面白いことに、プラスの表現で聞くと、「実は入りすぎだって自分でも思っているんだけど、面倒だからそのままなんです。本当は見直しをしないと」といった答えが返ってきやすいのです。

そこで、「銀行でも保険商品を扱っていますから、一度、説明させていただいてもよろしいですか?」などと聞けば、資産全体について教えてもらうきっかけを作ることができます。

◆保険から相続の話題に展開させる

もし「私は父親を早くに亡くして苦労したので、子供にそういう思いはさせたくないんです。だから、多いとは思うけれど、死亡保障も充実させて、何があっても大丈夫なようにしているんです」といった反応なら、相続の話題に展開できます。同時に、そのお客様の人生観、人となりも知ることができます。

2. 通帳の取引履歴などからの展開例

①お客様の持ち物や外見から

ＡＴＭやインターネットで金融取引が手軽にできる時代において、手続き等で窓口に来訪したお客様との接点は、テラーにとって貴重な機会といえます。

成績を上げているテラーほど、お客様との接点を大切にし、コミュニケーションをとったり、声かけによるニーズ喚起をしたりすることで、セールスへとつなげています。

とはいえ、事務処理に追われるあまり、会話のきっかけがつかめなかったり、何を話していいか分からないという人も多いでしょう。そんなときは、まずお客様の外見や持ち物に着目して、世間話をすることから始めてみてはいかがでしょうか。

ここでは、お客様の外見や持ち物など、目に見える情報を基にした声かけのポイントや、会話の広げ方を例示します。

◆宝飾品を身につけている

お客様が高級なネックレスや指輪、時計などの宝飾品を身につけている場合は、富裕層の可能性があります。

「今、身につけられているネックレスは、とても素敵ですね。高価な品に見えますが、どちらでお買い求めになったのですか?」などと聞いてみることで、お客様は「このテラーは、私に興味を持ってくれている」と感じることでしょう。

そこで、例えば「このネックレスは、ドバイに旅行したときに買ったんですよ」という返事なら、「ドバイは経済成長が著しく、先進的な建物や施設がたくさんあるそうですね。私も一度行ってみたいです。○○様は、海外旅行にはよく行かれるんですか?」と聞いてみてください。

「ええ、主人が定年退職したので、毎年2回くらいは海外旅行に行っているの」という返事だったら、このお客様は時間やお金に余裕があることが推測できます。

こうしたお客様は、資産運用などのニーズが見込まれますので、投資経験などを聞きながら具体的なニーズをつかんでいくとよいでしょう。

◆結婚指輪をしている

結婚指輪は、お客様が独身か既婚かを判別するポイントとなります。もし若いお客様が結婚指輪をしていたら、「結婚されて何年くらいになるのですか?」と聞いてみてください。

例えば、「先月結婚して、この近くに引っ越してきました」という答えが返ってきたら、これから家具や家電製品など、何かと入り用であることが推測できます。「結婚5年目なんです」という答えが返ってきたなら、「そろそろマイホームのご購入をお考えではありませんか?」などと質問してみましょう。

「そうですね。できれば2年以内に住宅を購入したいです」などと具体的なプランが聞ければ、住宅資金の相談や住宅ローンの案内に話を展開していくことができます。

◆デパートや高級ブランドの紙袋を持っている

一般のスーパーや小売店などに比べ、デパートで売られている商品は高額・高級なものが多く、ブランド品なども扱っています。

お客様がデパートやブランドの紙袋を持っているということは、ショッピングの帰りに来店したものと考えられます。そこで推測できるのは、高額・高級な品を買うだけの経済的余裕があるということです。

「○○百貨店には、よく行かれるのですか?」「今日は何をお買い求めになったのですか?」と質問し、「よく行く」「ブランドもののバッグを買った」といった返答があれば、まさに推測どおりということになります。

このように、何気ない会話からお客様の生活水準や家族構成などを把握できれば、そこからニーズの把握や、ライフプランに合った商品の提案なども可能になります。

◆幼い子供を連れて来店している

母親や祖父母が、幼い子供を連れて来店するケースはよくあると思いますが、この場合はまず「お子様（お孫様）ですか。かわいいですね」と声をかけたり、「おいくつですか？」と尋ねてみましょう。

そこで、「来月3歳になります」などという答えが返ってきたら、「お子様の成長はうれしいものですが、これからは学校や塾など、何かとお金がかかりますよね」と教育費の話題を振ってみてください。

もしそこで、「そうなのよ。今から少しずつでも貯めておかないといけないわね」といった返答があれば、学資保険や積立商品等の案内はもちろん、保険相談につなげることも可能です。

以上のように、お客様の持ち物や外見は、声かけやニーズ発掘につながる情報の宝庫といえるのです。

②通帳の取引履歴から

Type 1◆給与使い切り型（20代）

給与振込、カード・公共料金の引落しあり。給料日直前の口座残高が少なめ

普通預金（兼お借入明細）

年月日	お取引内容	お支払い金額	お預かり金額	差引き残高（円）
26-10-05	××カード	89,435		58,025
26-10-18	ATM（213）	20,000		38,025
26-10-21	ATM（210）	30,000		8,025
26-10-25	給与		280,987	289,012
26-10-28	ネット利用料	12,000		277,012
26-10-31	水道料	5,325		271,687
25-10-31	電気料	6,850		264,837
26-10-31	電話	7,983		256,854
26-11-05	××カード	102,345		154,509
26-11-08	振込　○○○○		35,000	189,509
26-11-08	ATM（214）	50,000		139,509
26-11-11	ATM（209）	30,000		109,509
26-11-14	ATM（205）	40,000		69,509
26-11-20	振込　××××	25,698		43,811
26-11-22	ATM（210）	30,000		13,811
26-11-25	給与		265,476	279,287

通帳の取引履歴からは、声かけにつながるさまざまな情報を得ることができます。手続きに際して通帳を開くときには、そこからお客様の暮らしぶりや潜在ニーズを読み取ることを意識してみましょう。

このタイプのようなお客様は、若い世代に多いと思われます。給与が振り込まれており、公共料金やインターネット料金の引落しがあるため、メイン口座として利用していることが推測できます。出金額はそれほど大きな金額ではなく、数ヵ所のＡＴＭを利用していますので、財布代わりの口座として、必要なときに必要な額を引き出していると考えられます。

給与をほぼ全額給料日の前までに使い切っていることも、注目すべきポイントです。クレジットカードの引落し金額が毎月一定ではなく、比較的大きな金額ですので、独身者で、買い物等に自由にお金を使っているのかもしれません。

ファッションやネイルなどに気をつかっているようであれば、そうした点を会話のきっかけにしてもよいでしょう。「素敵なバッグですね。どちらで買われたのですか?」などと尋ねれば、どんな店で買い物をしているのかが分かります。そこから、生活水準やお客様の趣味嗜好を知ることができます。

◆積立型の商品やカードローンを案内

このようなお客様には、積立やカードローンを紹介してみましょう。

例えば、「買い物が好きで、つい使いすぎてしまう」といった発言があれば、「そんなときは貯める〝仕組み〟を作ってしまうと楽ですよ。積立定期預金を作って、お給料日の直後に自動的に振替えれば、自然に貯められます」と案内すれば、興味を持ってもらえるかもしれません。

また、「もしものときに備え、キャッシュカードにローン機能を付けておいてはいかがでしょう。ATMでいつでも使えて便利です。ご返済についてもATMでできるんですよ」といった案内も有効でしょう。

キャリアウーマンのお客様なら、運用商品に興味を持っている可能性もあります。ファッション誌や女性向けマネー誌で資産運用の記事を目にしていることも多いと思いますので、趣味の話などから、どんなことに興味があるか聞いてみましょう。

若い世代のお客様の多くは、入出金や振込をすべてATMで済ませていることが多く、来店の機会自体が少ないといえます。来店の機会を活かし、積極的に声かけをしましょう。

Type 2◆出費多め型（30代）

公共料金の引落し、ローン返済、学費振込等があり、入出金の回数が多い

普通預金（兼お借入明細）

年月日	お取引内容	お支払い金額	お預かり金額	差引き残高（円）
26-10-05	ATM(214)	50,000		1,204,542
26-10-10	振込　○○小学校	75,000		1,129,542
26-10-15	振込　△△塾	120,000		1,009,542
26-10-25	給与		345,233	1,354,775
26-10-25	ATM(214)	60,000		1,294,775
26-10-31	住宅ローン返済	105,932		1,188,843
26-10-31	ATM(214)	100,000		1,088,843
26-10-31	水道料	8,239		1,080,604
26-11-05	××カード	203,112		877,492
26-11-08	●●ガス	7,349		870,143
26-11-08	電気料	12,911		857,232
26-11-11	ATM(209)	30,000		827,232
26-11-14	ATM(214)	40,000		787,232
26-11-19	振込　○○○○	25,000		762,232
26-11-25	給与		339,832	1,102,064
26-11-29	住宅ローン返済	105,932		996,132

このタイプのお客様は、家計のメイン口座として利用していることが推測されます。

給与振込口座であり、公共料金の引落しのほか、クレジットカードの支払い、住宅ローンの返済、学費の振込など、毎月お金の動きが多いのが特徴です。

ここから分かるのは、お客様は住宅ローンを組んで購入した持ち家に住んでおり、子供がいるということです。

人生の三大資金は、「住宅資金・教育資金・老後資金」といわれます。一般的に、住宅資金と教育資金が重なる時期は、家計のやりくりが最も大変な時期です。出費が多く、貯蓄に回せないというケースもあるでしょう。

◆家族構成や教育方針をヒアリングする

まずは給与振込の指定や住宅ローンの利用など、日ごろの取引のお礼を伝えた後、「学費の振込がございますが、お子さんがいらっしゃるのですね。今、おいくつですか?」などとさりげなく聞いてみます。会話が弾めば、「お子さんはお1人ですか?」「ご兄弟も○○小学校に通われているのですか?」と尋ねると、家族構成や家庭の教育方針も聞き出せるかもしれません。

子供がまだ幼いようであれば、大学まで進学した場合の教育費の目安等を示しながら、教育資金の準備状況についてヒアリングしてみましょう。

子供の教育資金について、まったく考えていない親はいません。「積立や学資保険など、当行でもお役に立てることがございます。いつでもご相談ください」と伝えておけば、商品提案につなげられなくても、必要なときに、お客様から相談に来てくれる可能性が高まります。

家計に占める教育費の割合は、子供が高校から大学に進学する時期にピークを迎えます。子供の年齢によっては、教育ローンなどを案内することも考えられます。

また、「住宅ローンと学費が重なる時期は、皆さん家計のやりくりに一番苦労されるといいますよね」「固定費だと思っているものを見直すことで、毎月の出費を減らせることもあるんですよ」といった声かけで、家計見直しの手伝いができることを伝えてもよいでしょう。

一般的な話題をお客様のケースに置き換えて掘り下げていくことができれば、どんな提案ができるかも絞れるはずです。

Type ３◆サブ利用型（40代）

給与の振込口座だが、振込後に一定額が出金されている。入出金の動きが少ない

普通預金（兼お借入明細）

年月日	お取引内容	お支払い金額	お預かり金額	差引き残高（円）
26-08-12	ATM(213)	20,000		1,143,465
26-08-25	給与		354,235	1,497,700
26-08-25	ATM(210)	250,000		1,247,700
26-09-08	ATM(213)	30,000		1,217,700
26-09-12	振込　○○○○		26,000	1,243,700
26-09-19	振込　△△△△		332,546	1,576,246
26-09-22	ATM(213)	250,000		1,326,246
26-09-25	給与		364,231	1,690,477
26-10-05	ATM(213)	250,000		1,440,477
26-10-08	振込　××××		35,000	1,475,477
26-10-08	ATM(213)	30,000		1,445,477
26-10-25	給与		380,213	1,825,690
26-11-02	ATM(213)	250,000		1,575,690
26-11-20	ATM(213)	100,000		1,475,690
26-11-22	ATM(213)	30,000		1,445,690
26-11-25	給与		345,215	1,790,905

給与の振込口座として指定されているものの、振込直後（給料日またはその翌日など）に一定額の大きな出金があり、その後ほぼ動きがありません。こういう場合は、サブ口座として利用されていることが推測されます。

結婚しているお客様なら、毎月妻に渡す金額が決まっているのかもしれませんし、他行にあるメイン口座に資金を移し、そちらで公共料金の引落し等、生活費全般の管理を行っているのかもしれません。

いずれにせよ、このようなタイプの場合、タイプ1、タイプ2とは異なり、お客様の生活ぶりやお金の流れがつかみにくいため、最初から的を絞った声かけをすることはできま

せん。お客様との会話の中から情報を収集していくことになります。

◆各他行との取引状況や資金の性質を確認

「お給与の振込に当行をご指定いただき、ありがとうございます。公共料金の引落しは、どちらかの金融機関さんをご利用なのですか?」とストレートに聞いてみると、「妻が管理しているので」とか「支払いの関係は別の銀行口座にしているんです」といった回答があると思います。

メイン口座が他行にあるのに、積極的に声かけをするのは気が引けるかもしれませんが、見方を変えれば、自行の口座に残っている資金は、余裕資金である可能性が高いといえます。「他行さんでは資産運用もされているのですか?」と尋ねてみましょう。

運用していないのなら、自行の口座にある資金の性質や、運用に対する興味などを聞いてみます。興味の度合いによっては、経済動向等を話題にしながら意向を確認するとよいでしょう。

すでに運用商品を保有しているなら、それがどんなものなのかを具体的にヒアリングすることで、お客様の興味の傾向が分かります。そこで、「当行でも同様の商品を取り扱っております。一度ご紹介させていただけませんか?」とつなげることができます。

また、他行がメイン口座であっても、その対応や運用状況等に不満を抱いているかもしれません。そんなときにお客様の不満を解消できるような提案をすることで、自行のファンになってもらったり、メイン口座に替えてもらえるかもしれません。不満の内容を丁寧に聞き取り、提案につなげていきましょう。

Type 4◆貯蓄＋運用型（50代）

給与振込、証券会社からの入金あり。預金残高が大きい

普通預金（兼お借入明細）

年月日	お取引内容	お支払い金額	お預かり金額	差引き残高（円）
26-09-20	ATM（213）	50,000		6,553,023
26-09-25	給与		702,533	7,255,556
26-09-25	ATM（209）	100,000		7,155,556
26-09-28	ATM（213）	70,000		7,085,556
26-09-30	××証券		26,543	7,112,099
26-10-11	ATM（209）	50,000		7,062,099
26-10-21	振込 ○○○○		50,000	7,112,099
26-10-25	給与		683,432	7,795,531
26-10-30	ATM（213）	100,000		7,695,531
26-10-31	××証券		26,543	7,722,074
26-11-07	ATM（209）	50,000		7,672,074
26-11-11	▲▲カード	240,111		7,431,963
26-11-15	ATM（213）	50,000		7,381,963
26-11-20	ATM（209）	100,000		7,281,963
26-11-25	給与		698,142	7,980,105
26-11-28	振込 ××××	260,000		7,720,105

７００万円以上の額を普通預金に預けていること、また50代という年齢と給与額の多さから、お客様は職場で相応の地位に就いており、他にも金融資産を保有していることが想定されます。

それを裏づけるのが、証券会社からの入金です。ここから、投資性商品を保有しているということが分かります。入金が毎月一定水準であることから、保有商品が毎月分配型の投資信託であると想像できます。

さらに、ほかにも少なからず余裕資金があるものと思われます。余裕資金は定期預金など、純粋な貯蓄目的のものかもしれません。

預金・給与が多く、投資信託での資産運用

をしており、さらに貯蓄も保有している50代となると、老後のライフプランについてある程度固めている可能性が高いでしょう。お客様なりのビジョンを持って、資産運用に取り組んでいるものと考えられます。「老後資金」「運用」をテーマに会話を展開してみましょう。

◆投資方法の見直しを訴えお客様の関心を引く

まずは、次のような声かけで、お客様の老後資金計画に関する考えを探ってみましょう。

「失礼ですが、老後のライフプランについてはお考えですか？　公的年金では理想的な老後生活を実現させることが難しいといわれて久しいですね。当行では老後資金計画についてのご相談も承っておりますので、ご不安やお悩みがあれば気軽に声をおかけください」。

想定どおりのお客様であれば「もう考えていて、そのための運用もしている」という返事があるでしょう。そこで「差し支えなければ、運用プランや商品についてお聞かせいただけないでしょうか？　資産運用のご相談では、当行は多くのお客様にご好評いただいております」と、自行でも運用アドバイスが可能という姿勢を示します。

そのうえで、保有商品が分配型投資信託と確認できれば、分配金を定期的に受け取っている理由を尋ねます。「人気があるから」といった曖昧な理由であれば、分配金の再投資でより効率よく資産運用・形成ができることなどを伝えてみましょう。

「老後資金計画を目的にした投資について、一度見直しをされてみませんか？」といったひと言を添えると、「話だけでも聞いてみようかな」などと、興味を引くことができます。

第４章

集めた情報から
セールスを展開する

①お客様の不満や要望・不安など

情　報	ヒアリングのポイント
余裕資金がある	自行以外にどのくらい預金等があるのか
低金利に不満がある	リスクを取ってでも利回りを求めるのか
他行・証券会社等に不満がある	担当者の対応やサービスへの不満か、商品への不満か
マーケット情報に興味がある	株、為替、金利など、どんな情報に興味があるのか
保有資産が値下がりしている	分配金等も含めて損失が出ているのか、マーケットの見通しをどう考えているか
個人向け国債が償還を迎える	現在の国債の利回りについてどう感じているか
ローンの負担が重い	一時的なものか、家計に変化があったのか
社会保障に関心が高い	新聞やテレビなど、どこから情報を得ているか、正しく理解しているか
将来への不安がある	公的年金以外に自助努力を行っているか
健康への不安がある	家計を支えているのはだれか、教育費のかかる子供はいるか
相続に関する不安がある	個別にお金を遺したい人がいるか

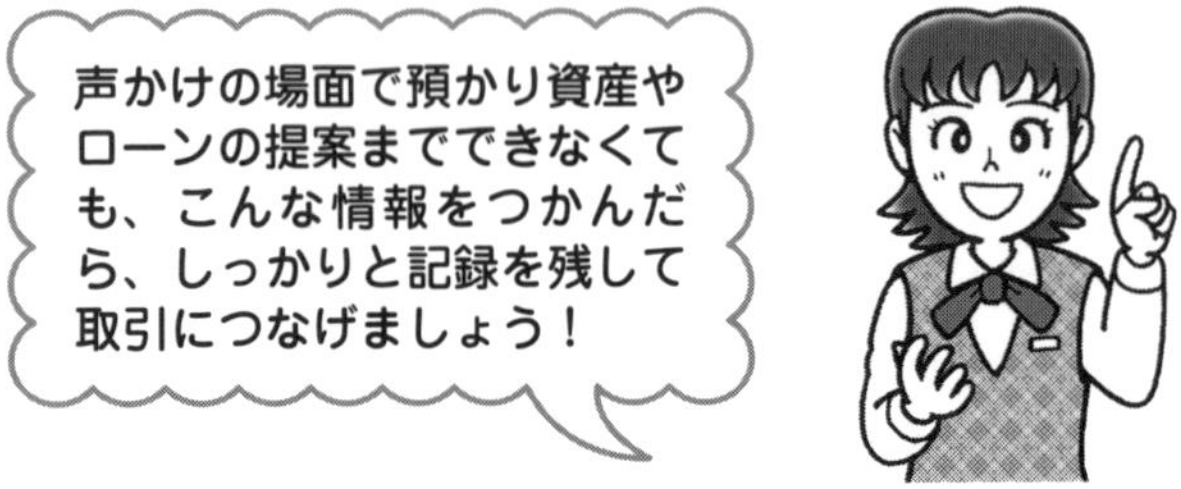
声かけの場面で預かり資産やローンの提案までできなくても、こんな情報をつかんだら、しっかりと記録を残して取引につなげましょう！

②ライフステージの変化やイベントの予定

情　報	取引ニーズ	詳　細
就　職	新規口座	給与振込用の口座開設
	自動振替	家賃・光熱費など、取引メイン化
	医療保険	社会人として医療保障を備える
	積立(定期預金·投資信託)	将来のための長期的な貯蓄
	各種ローン	収入・貯蓄が少ないため、レジャーや車の購入などのローン利用
結　婚	自動振替	家計のメイン化
	生命保険	世帯主の死亡保障・収入保障など
	定期預金・投資信託（積立含む）、個人向け国債	住宅ローンの頭金や出産費用など、ライフイベントへの準備
子供の誕生	学資保険	子供の教育資金の準備
	生命保険	子供の誕生に伴う保障の見直し
	定期預金・投資信託（積立含む）、個人向け国債	住宅ローンの頭金や学費など、ライフイベントへの準備
	各種ローン	住宅購入、車の買替えなど
昇進・昇格	積立	昇給等に伴う貯蓄の上乗せ
マイホーム取得	住宅ローン	土地購入・建物建築資金
	生命保険	団信加入に伴う死亡保障の見直し
子供の進学	教育ローン	不足する教育資金の補填
	住宅ローンの条件変更	教育費負担増による家計見直し
子供の独立	保険の見直し	教育費負担減に伴う家計見直し 死亡保障から医療保障へのシフト
	投資信託、個人年金保険	老後資金の準備
孫の誕生	学資保険	教育資金の援助
退　職	投資信託、個人年金保険、個人向け国債	退職金の運用、老後資金の準備
	住宅ローン繰上返済	退職金での一括返済
	リフォームローン	老朽化に伴うリフォーム
	一時払い終身保険	退職金の運用、相続対策
遺産相続	投資信託、個人年金保険、個人向け国債	相続財産の運用
	一時払い終身保険	二次相続への備え

2．キャッチした情報のつなぎ方・残し方

接客時にキャッチしたお客様の情報も、有効に活用しなければ、「宝の持ち腐れ」になってしまいます。そうならないためには、情報の共有が欠かせません。

◆担当者への情報のトスアップが重要

金融機関によってシステムに違いはありますが、一般的な営業店では、①ハイカウンターテラーがお客様の税金支払い、振込、定期預金の書替えなどの用件に応えながら→②資産運用のニーズやローンニーズ等を聞き出し→③ローカウンターテラーやマネーアドバイザーなどの資産運用相談を専門に行う担当者、またはローンセンター等につなぐ――という形がとられています。

また、クロージングを行う担当者に情報を提供することを「トスアップ」と呼んでおり、ハイカウンターテラーには、それが求められます。

例えば、ハイカウンターテラーが「来月、主人が定年退職になるのよ」というお客様の情報をキャッチしたとします。ここで「それでは退職金の使い道はもうお決まりですか?」と質問し、「これから年金生活になるので、退職金は老後の生活費ですよ」という答えが返ってきたので、「資産運用のプロがおりますので、一度、ご相談させていただけませんか?」と話を進めたとしましょう。

このやりとりを、サンプルのようにテラー日誌等に記載し、営業店内で回覧します。これにより、

上席者や他部署の担当者とも、お客様の情報を共有することができます。

なお、テラー日誌は、お客様がどのような発言をし、テラーがどのように対応したのかを後からチェックできる「記録」であり「証拠」という側面があります。ですから、テラー日誌の記載はそれとして、口頭でも「○○様が退職金の相談をしたいと言っていたので、一度訪問してください。『訪問の前には電話をしてもらえるとありがたい』と言っていたので、まずは電話をしてあげてください」などと、迅速に情報をつなぐことが必要です。

◆情報を共有することで助言を受ける

現在はスピードが求められる時代ですから、テラー日誌が紙ベースではなく、電子化されているケースも多いでしょう。

テラー日誌をパソコンにより電子化している金融機関の場合、営業店内の上席者はもちろん、同じエリアの推進役、ローンセンター等もアクセスできるのが普通です。この情報を見た推進役等が、アドバイスを書き込むことも可能ですから、テラーは次にどう行動すればよいのか、ナビゲートしてもらうことができます。

また、多くの人で情報を共有することで、せっかくの情報がスルーされてしまうことも少なくなります。

記載例では、「定年退職」という情報を「退職金の運用」というニーズに結びつけ、「マネーアドバイザーが相談を受ける」というアポイントにつなげています。

しかし、情報の多くはここまで明確なものではありません。そのため、場合によっては「こんなことを記録する必要はないかな…」などと思うこともあるでしょう。

では、「来年の○月に、息子が結婚することが決まったんですよ」とお客様が言ったとします。ここでテラーが「結婚したら、息子さんとは同居されるのですか?」と聞けば、「ええ、私たちはそれを希望しているので、二世帯住宅を息子に勧めているんですよ」といった反応があるかもしれません。

そうすると、住宅ローンのニーズが見込めますし、それ以外にも結婚資金を借り入れるケース、結婚する機会を捉えた保険の見直しニーズなども考えられます。

「今度、子供が小学生になるんですよ」というひと言も、「将来は大学まで進学させるおつもりですか?」と聞けば教育資金ニーズ、「では、そろそろマイホームの計画を立てられているのではないですか?」と聞けば住宅資金ニーズにつながるかもしれません。

つまりハイカウンターテラーには、「結婚する」「子供が進学する」といったお客様の情報が、資産運用やローンの見込みにつながることを意識し、そうした情報をしっかり記録することが求められているのです。

◆成果につながる成功体験が情報感度を上げる

情報を共有することで、情報が活かされる確率は格段に高くなります。

資産運用の担当者やローンの担当者などは、テラーに対して「どんな情報が欲しいのか」「その情報がどうセールスにつながるのか」を話してあげておくとよいと思います。それが成約という結果を生み「あなたのおかげで成約できた」と言われたら、テラーはますます張り切って、そういうお客様を探すでしょう。

こういう情報がこんな成果につながったという成功体験が、テラーの情報感度を上げることになるのです。

テラー日誌の記載例（サンプル）

平成23年12月15日　　　　担当　柊　聖子

近代花子様。来月、ご主人の太郎さんが定年退職となるそうです。退職金は老後の生活費として、当面使う予定はないとのこと。退職金の運用やこれからのマネープランについて相談したいとおっしゃっていたので、連絡をお願いします。花子様は、電話があることを了解しています。

3．取引拡大へのアプローチ

①結婚する予定のお客様

◆公共料金の引落しなど忘れず依頼する

結婚間近のお客様は、金融機関との取引も変更される可能性があります。情報提供をした金融機関が選ばれることも多いため、コミュニケーションをとりたいところです。

２人で新生活を営むにあたり、公共料金の引落しをどちらかの口座に集約することになりますが、何らかの優遇サービスがあれば伝え、引続きの利用をお願いしましょう。

また、結婚は家計の大きな変革期です。結婚を機に住宅の購入や子育て、老後資金の準備など、具体的な認識がスタートします。毎月の積立もこの時期に始める可能性が高いため、必ず提案しましょう。

◆落ち着く前に貯められる家計を確立する

機会があれば将来のライフプランについて検討してもらい、必要性を理解してもらったうえで積立を始められるとよいと思います。具体的には給振口座からの自動引落しにより、貯まる仕組みを作ることが有効です。

重要なのは、新生活が落ち着く前に、貯められる家計を確立することです。「鉄は熱いうちに打て」といいますが、夫婦の愛情が高まっているうちに積立の習慣をつければ、将来お客様にも感謝されるはずです。

また、配偶者の仕事や年収等は、「世帯」の信用を考えるヒントになります。さりげなくヒアリングしてみましょう。

なお、結婚後は口座の名義変更や、住所等の変更が必要になります。こうした手続きについても案内しましょう。

②子供が生まれたお客様

◆具体的なマネープランを提案する

妊娠中のお客様や赤ちゃんを連れたお客様については、まず、バリアフリーの観点から移動等に目を配り、必要に応じてサポートすることが大切です。

お子様というかけがえのない存在が誕生したお客様は、具体的なマネープランも前向きに聞いてくれる可能性があるため、積極的に声かけしたいものです。

これから先、長い育児負担が生じますから、第1に考えておきたいのは家計の安定です。キャッシング等に頼らず、しっかり毎月の収入で生活を営み、できる限り貯蓄を行うような体質作りが必要です。家計相談なども、若い夫婦には喜ばれるでしょう。

◆教育資金は早くから計画的に準備する

次に、早めに備えておきたいのが高校・大学の学費負担です。次項でも触れますが、高校と大学の7年間で約900万円もかかるとされています。子供が3人なら2700万円、家が1軒建つほどの金額です。

これらの負担をそのときの給料やボーナスで賄うのではなく、できれば半額かそれ以上、事前に準備しておきたいところです。

子供の高校進学、大学進学の時期は、誕生の時点で予測できます。積立定期や積立投信の活用により、計画的に準備することを勧めましょう。投資信託を活用する場合は、入学前年度あたりに利益を確定し、急な相場の下落に対応するというアドバイスも有効です。

また、育休期間は雇用保険から給与の67％相当の育児休業給付金（180日目まで、その後の期間は50％）が出るほか、厚生年金保険料は国が代わりに支払ってくれます。

正社員として働くことは、将来の負担への備えにもなります。妊娠中のお客様で、最初から出産を機に退職すると決めているような人には、育休期間中の給付等についてさりげなく情報提供することも、プラスアルファのサービスとして喜ばれるでしょう。

③子供が進学するお客様

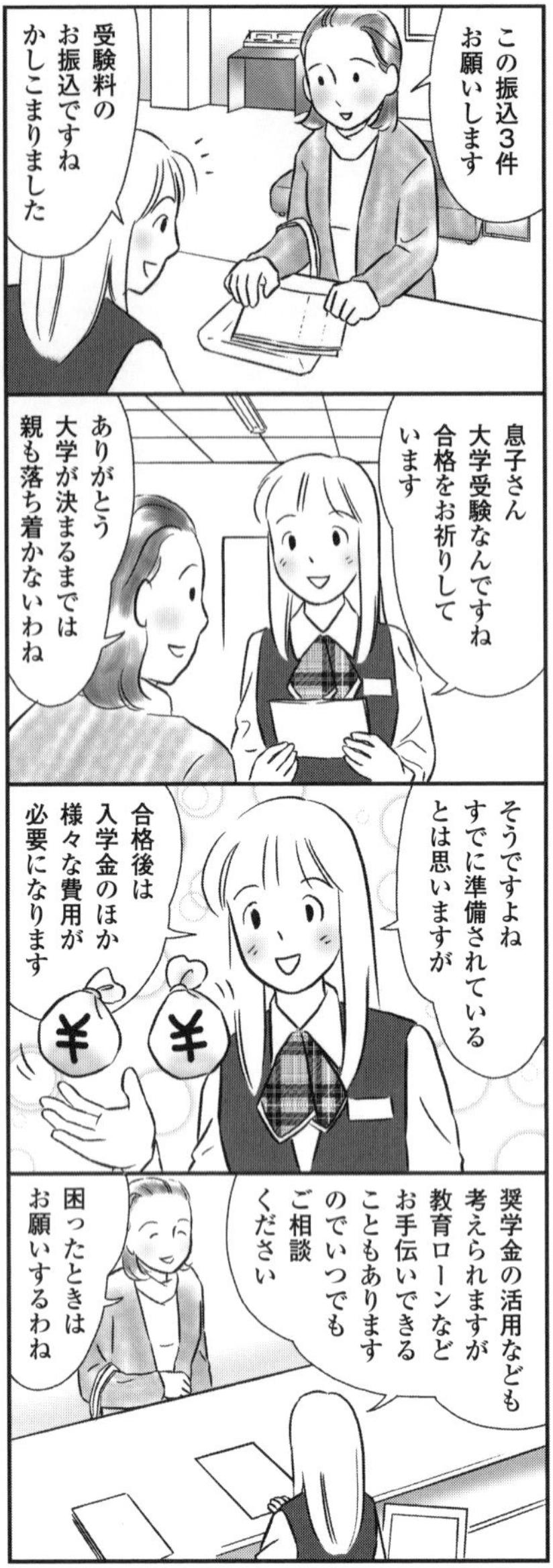

◆高校入学時は30万円、大学では100万円必要

子供が高校や大学に進学するときの学費負担には、大きいものがあります。

日本政策金融公庫の調査（「教育費負担の実態調査結果」平成27年2月）では、高校入学時に29万１０００円、大学入学時に１０２万２０００円、高校の学費等で毎年度60万３０００円、大学の学費等で毎年度１４１万８０００円必要とされ、７年間で合計８７９万４０００円にもなる計算です。

もし、お客様の資金準備が不十分だった場合、教育ローンによる借入れが考えられます。しかし、教育ローンの利用は自身の老後資金準備を遅らせることにもなるため、安易な提案には注意が必要です。金融機関の本来の役割は、資金準備のお手伝いですから、お客様が教育ローンを利用するような事態には、事前の提案不足を反省したいくらいです。

◆返済可能額を見極めて提案することが重要

一般に、親は子供の学費を全額負担したいと希望しますが、無理をしても子供を大学に通わせれば、子供が将来高所得者になり、老後は仕送りしてもらえるという時代ではありません。自身の老後資産形成も、この時期のお客様には大切なテーマです。無理な借入れが長期的に家計に影響を及ぼす場合は、奨学金の活用なども併せて提案できるとよいでしょう。

教育ローンには、在学中は元金返済が猶予されるなど、利用者にとってありがたい仕組みもあります。しかし、借入可能額ではなく、お客様の返済可能額をしっかり見極めて提案することが重要です。また、家族構成についても確認が必要です。子供が複数いる場合は、次の子供の入学準備も考えなければなりません。場合によっては、共働きなどで備える意識も必要です。

子供が無事大学を卒業した後は、自身の老後資金準備を考えることになります。在学中、お客様の貯蓄余力は大きく低下しますが、積立定期、積立投信などはタイミングを見て提案していくとよいでしょう。

④家の購入を予定するお客様

◆住宅ローン相談に応じられることをアピール

もし、お客様がマイホームの購入を検討していたら、住宅ローンを獲得するチャンスです。まずは「いつでも相談に応じます」というメッセージを発信しておきましょう。

お客様は、最終的に不動産業者が提携する金融機関を選ぶ可能性もありますが、そもそも相談してもらえなければ、競争にもなりません。まずは、住宅ローンの相談窓口として、お客様に自行の存在を認識してもらうことが必要です。

住宅ローンは、お客様との生涯取引の中心に位置づけられます。住宅ローンを契約すると、数十年にわたるおつき合いになりますし、住宅ローンの返済に利用した口座は、年金振込口座に指定してもらえる可能性も高いと考えられます。その意味でも、住宅購入予定のあるお客様の情報は適切に共有し、声かけに活用したいものです。

特に、メインバンクとして利用してもらっているお客様は、取引に応じて住宅ローンの金利引下げが適用されることが多いので、こうした情報も提供していくとよいでしょう。

◆頭金を増やしていくことを提案する

また、マイホームの購入が目前ではないお客様にも、住宅購入のお手伝いについてＰＲしておきたいものです。

この場合、住宅ローンの話を急ぐ必要はありません。むしろ住宅ローンの紹介だけでなく、積立定期や積立投信の活用により、頭金を増やしていくことを提案していくとよいでしょう。

自行の預かり資産残高を増やすことは、お客様の資産形成にもつながります。そして、頭金の準備が多いほど、借入額を抑え、お客様はローンの総返済額も減少させることができます。

直接的な営業活動を嫌がるお客様も、長い目で見た資産形成のアドバイスがあれば、金融機関に対する信頼を持ってくれるはずです。購入予定が近づいた頃合いを見て、忘れずにコミュニケーションを図りましょう。

⑤高額な出費を予定するお客様

◆資金準備の重要性について伝える

車の購入、海外旅行、大型家電等の購入など、夢や希望の実現のために高額の出費を予定するお客様との接点があった場合、ぜひ伝えたいのは資金準備の重要性です。

夢のために100万円単位のお金を借り入れることは、社会人であればそれほど難しいことではありません。海外旅行中はほとんどカードで決済できますし、多額の現金を持つよりも安全かもしれません。

車についていえば、カーローンなどは比較的低利で利用できます。しかし、夢の実現の後に返済負担が長期にわたり生じることや、金利負担を考えると、実際に要した費用以上の返済が必要になります。

住宅の購入については家賃負担軽減の効果もあるため、一部を頭金で準備し、残りを住宅ローンで賄うことが有利な場合もあります（ケースにより異なる）。しかし、趣味等の大型出費はそうした効果は期待できないため、しっかり資金準備することが理想です。

◆毎月の定期的な積立で夢を実現させる

具体的には、定期的な積立による夢の実現をアドバイスしていきましょう。かなえたい夢をハイリスクな商品の運用益で実現するのは現実的ではないため、積立定期、積立投信の活用が考えられます。投資信託については、毎月の分配金はなくてもよいでしょう。

ところで、こうした夢の実現については、時期を任意で決められることが多く、お金が準備できたときを夢の実現時期にすることが可能です。お金を借りて実現した夢よりも、毎月コツコツ貯めたお金で実現した夢のほうが、高い満足が得られるはずです。資金準備についてどんどん提案していきましょう。

お客様が個人の夢を語ってくれるということは、お客様との関係が良好なサインです。適切な距離を持ちながらも、もう一歩親密な関係になれるよう、声かけをしてみてください。

⑥子供が独立するお客様

◆まずはねぎらいや共感の言葉をかける

子供が社会人になったということは、教育費等の負担から解放されたことを意味します。教育資金は人生の三大資金のひとつで、高校・大学の7年間で約900万円かかるといわれています。ですから、まずは「長い間、ご苦労様でした。今まで大変だったでしょうね」とねぎらいや共感の言葉をかけましょう。

子供が成長した喜びと、親として肩の荷が下りてほっとした気持ちから、その後の会話もスムーズに進む可能性が高くなります。

また、教育費が必要な間は、老後資金の準備にまで気が回らなかったお客様も少なくないでしょう。そこで、「お子様が独立されると、ご夫婦の老後資金の準備を検討する方が多いようです」などと、これからが老後資金の貯め時であることを認識してもらいます。

◆老後に向けた資金の形成を提案する

教育費の負担がなくなることで生じる余裕資金は、夫婦が安心してゆとりある老後を過ごすための原資として利用できます。投資信託や個人年金保険などの積立を活用した、老後資金の形成を提案してみましょう。

お客様の運用スタンスやリスク許容度等、適合性の確認はもちろん必要ですが、資産運用の基本である「長期運用・分散投資」の重要性と、積立により投資時期を分散する「時間分散」の効果も説明しましょう。

また、家族形成期や育児教育期は、世帯主に万が一のことがあった場合に家族の生活費や教育費に支障がないよう、多額の死亡保険金が出る定期保険や収入保障保険に加入しているのが一般的です。しかし、教育費の負担から解放されれば、それほど大きな死亡保障は必要なくなります。

したがって、現在加入している生命保険の保障内容を確認してもらい、保険全体の見直しについて提案する絶好のタイミングとなります。

⑦子供が結婚するお客様

◆将来の相談対策をフォローする

子供の結婚には、子供を一人前に育て上げた喜びとともに、一抹の寂しさもあるようです。まずは、「それはよかったですね。おめでとうございます。今までの苦労が実ってもうご安心ですね」などとお祝いの言葉をかけ、子育ての苦労をねぎらいましょう。

そのうえで、「お子様はおいくつですか?」「近くに住まわれるのですか?」などと聞いてみます。

「まだ給料が安くて生活も大変だろうから、二世帯住宅に建て替えて同居させようかと考えている」などの答えが返ってきたら、住宅ローンの商材になります。

また、お客様の将来発生する相続についての対策も視野に入れ、住宅取得資金の贈与や相続時精算課税制度の仕組みについて情報提供したり、土地・建物の名義についてアドバイスしながらフォローします。

なお、子供が自宅を購入する予定がある場合は、お客様に紹介してもらい、提携している不動産業者に物件情報の提供を依頼したり、住宅ローンなどの提案を行いましょう。

◆運用ニーズについてもヒアリングする

また、「お子様が家を出られてしまうと、寂しくなりますね」「今までお子様に手をかけてきた分、これからは趣味などを楽しめますね」などと声をかけてみます。お客様もリラックスして答えられるような会話なので、今後の生活に関しての希望など、気軽に話してくれることでしょう。そうした会話の中から、お客様の運用ニーズなどもヒアリングします。

お客様が将来、孫の教育費の援助などを検討している場合は、資金準備のための運用を提案します。

定期的な分配金が期待できる投資信託や、個人年金保険の年金収入で、孫へのプレゼントを楽しみにしているお客様もいます。リスク許容度や投資経験等を確認し、リスク分散を図りながら、投資信託や個人年金保険等を組み合わせた運用提案をしてみましょう。

⑧孫ができたお客様

◆教育資金の一括贈与制度をアドバイスする

「目の中に入れても痛くない」といわれるほど、多くの人にとって、孫はかわいい存在です。ですから、まずは孫のことを聴くのが一番です。話は長くなるかもしれませんが、じっくり聞いてみましょう。

そして、「これから幼稚園から大学まで教育費も大変ですよね。○○様が援助してあげるのですか？」とお金の話に展開します。「多分、あてにされているだろうね」「息子が自宅を買ったから、仕方ないね」などの返答があったら、その資金をどうするかという切り口で、教育資金援助のための商品紹介や資産運用の話に展開させます。

また、教育資金の一括贈与制度についても忘れず説明しておきましょう。

◆教育資金としての学資保険などを提案する

孫の教育資金の援助を考えているお客様には、学資保険や個人年金保険等を提案できます。学資保険は、教育資金を積み立てる貯蓄機能と保障機能を有している商品で、保険期間中に契約者が死亡した場合に育英年金が支払われるものや、子供の医療保障がつけられるものなどがあります。

一般的に両親が契約者となる例が多いですが、子供が小さいときには親の収入は多くないうえ、さまざまな出費もあり、祖父母が代わりに学資保険をかけるケースも増えています。

教育資金準備の心配がなくても、孫へのおもちゃや小遣いなどの話題から、「投資信託で毎月分配金が支払われるタイプもあるので、分配金でお孫さんにプレゼントするのはいかがですか？」と商品紹介につなげることもできます。

また、孫の話題から子供夫婦の資産形成ニーズをくみ取ることも可能です。家族についての情報は、今後の営業活動に有効で、子供夫婦との取引につながる可能性もあります。

孫の話題から和やかに会話が進んだら、「お孫さんのためにも、いつまでも元気でいたいですね」という投げかけにより、長生きに備えるための運用ニーズもヒアリングできます。

⑨夫が定年退職するお客様

主人も今年
いよいよ
定年退職ね
長い間
お勤めご苦労さまでした
退職されると
年金や健康保険　雇用保険
退職金の税金など
様々な手続きが
必要になりますが
準備はされていますか
さあ
そんなことひと言も
言っていなかったけど…
大丈夫かしら？
お時間のあるときにでも
ご主人と一緒に
来店いただければ
一般的な手続きについて
説明させていただきます
じゃあ
また今度
連れてくるわね

◆四大手続きについてアドバイスする

ご主人が定年退職を迎えるお客様には、まず長期間のお勤めへのねぎらいの言葉をかけましょう。退職前後のお客様には、各金融機関が囲い込みに力を入れているので、退職情報を得たらすぐに興味を持ってもらえるような情報提供やアドバイスを行い、ご主人と面談する機会を設定してもらいます。

情報提供は、定年退職前後の四大手続きといわれている「年金」「健康保険」「雇用保険」「退職金」の税金について行います。退職者向けセミナー等で配布する資料があれば、それを参考に「何の手続きを」「どこで」「いつまでに行うのか」を具体的にアドバイスします。

定年後も働くのか、働き方はどうするのかなど、ライフプランにより受給や加入の選択肢は変わります。また、退職金の税金は一般的に確定申告により還付される可能性が高いので、その方法についてもしっかりと伝えましょう。

そして、今後の人生でどのくらいお金が必要かを確認してもらい、夫婦のセカンドライフプランをヒアリングしながら、退職金の有効利用を提案します。

◆安全性を重視した提案が基本

退職金専用の優遇金利の定期預金等が用意されていれば、それを利用するのも効果的です。基本は老後生活資金なので、安全性を重視し、定期預金や個人向け国債、定期預金と投資信託のセットプラン、あるいは年金生活にゆとり資金が必要であれば、個人年金保険を検討してもらいましょう。また、「定年退職期」は、死亡保障よりも医療保障のニーズが高まるため、保険についても見直しの好期です。

退職金の運用や使い道は、一般的に配偶者と相談して決めるようです。奥様の希望をヒアリングし、夫婦で描いているセカンドライフが実現できるよう共感しながら、貯蓄と保険のバランスを考慮したアドバイスや提案を行いましょう。

⑩親が他界したお客様

◆相続手続きの流れをアドバイスする

お客様から親の訃報を聞いた場合、まず心中を思いやり、「このたびはご愁傷様でございます。心からご冥福をお祈りいたします」と故人の冥福を祈り、お悔やみの言葉をかけましょう。この際、心から悲痛を慰める気持ちで接することが大切です。

そして、「お力を落としのことと思いますが、相続の手続き等でお力になれることはありませんか？」と、トーンに気をつけて声をかけます。相続はデリケートな部分が多く、お客様からは積極的に相談しにくいものです。手続きに慣れている人はあまりいないため、悩んでいるお客様は少なくありません。

「何からやっていいのか分からない」といった答えが返ってきたら、相続手続きの流れをアドバイスしたり、手続きに詳しい専門部署と協力してフォローします。

お客様が忙しかったり、手続きで動ける相続人がいない場合などは提携している専門の会社を、遺産総額によっては、代理店として信託銀行の遺産整理業務の紹介も考えられます。

◆相続人の状況や財産について情報収集する

相続手続きに関われば、相続人の状況や相続財産について情報が収集できるので、お客様や他の相続人への運用提案も可能となります。

反応が、「手続きは兄に任せている」「心配するような財産は何もない」という答えなら、「たとえご遺産が少なくても、お父様が遺された大切なご資産ですから、相続人皆さまで分割して守っていかなければならないですよね」と共感をもって、お客様に相続人としての自覚を再認識してもらいます。

そして、相続税の申告期限まで、手続きなどがスムーズに進んでいるか、進捗状況を見守る心遣いで声をかけ、お客様の不安を取り除いてあげましょう。限られた人にしか相談できないような相続手続きについて、役に立つことができれば、お客様から信頼を得られるはずです。

⑪余裕資産があるお客様

◆余裕資金の今後の意向をヒアリングする

まずは、お客様が余裕資金を今後どうしたいのかをヒアリングします。その前提として、お客様が想定していない将来のライフイベントや資金需要について考えておくことで、ニーズをより深く掘り起こし、息の長いお付き合いにつなげることができます。

また話を進めるなかで、これまでどんな資産形成をしてきたのかを教えてもらえば、現在の資産状況に至る経緯が分かり、今後、運用で取れるリスクの目途が立てられるでしょう。

余裕資金について、このままではもったいないと感じているのか、他でしっかり資産形成しているため、すぐ引き出せるようにしておきたいのか、なんとなくそのまま預金しているのか――ここが分かると、お客様のお金に対する意識の強弱が感覚的につかめてきます。

意識が高い人には現状をしっかり聞き、資産形成の傾向をつかみます。あまり意識していない人には、マネープランの重要性を説きましょう。

◆具体的な金額をつかみプランを提案する

その足がかりとして、他に預金として持っている余裕資金があるか、あるなら具体的な金額を聞きます。トータルの状況が分かると、具体的なマネープランの話がしやすくなると思います。投資資産や個人年金の有無まで聞けると、より実態に即したプランを提案できます。

ここでのポイントは、現在の生活水準を今後も続けた場合でも、安心して毎日を過ごせる状態まで資産形成がなされているかということです。

今は家計に余裕があっても、とりわけ老後生活では貯蓄を取り崩す必要が出てくる可能性があります。平均余命は年々伸びており、取り崩す期間が長くなることも想定しましょう。今後は投資信託などで運用しながら、必要な分だけ少しずつ解約して使うというスタイルでないと、老後資金を賄えなくなるかもしれません。

⑫低金利が不満のお客様

◆まず不満と感じるストーリーを聴く

不満には、お客様それぞれのストーリーがあります。預金金利8パーセントの時代を知っているお客様は、現在の金利水準では物足りないと感じるでしょう。投資によって利益を出したことのあるお客様は、運用の効率性から見て不満だと感じることもあるでしょう。

ひと言で「不満」といっても、その内容は千差万別です。まずはどうして不満に感じるのか、具体的なストーリーを聴くところから始めましょう。

接客経験を積むと、どうしても自分の頭の中で、ストーリーをいくつかのパターンに分類してしまいがちですが、同じ経済状況下でも感じ方は人それぞれです。よりお客様に寄り添ったニーズ喚起をするためには、先入観を持たずにヒアリングしなければなりません。

◆運用の優先順位をしっかり確認する

不満が具体的になってきたら、金利が何パーセントくらいなら満足かを質問してみます。お客様が答えに困ったような場合は、「金利が3パーセントくらいなら、どうお感じになりますか？」などと、こちらから数字を提示してみましょう。

この答えから、お客様がどのくらいの効率で資産形成を考えているのか、具体的に把握できますので、ニーズに近い商品の提案が可能になります。

低金利に不満を抱きつつ、リスクは極力避けたいというケースもあるかもしれません。理想の水準を考えると、高いリスクを取らなければ難しい場合もあるでしょう。

金利や運用利回りを優先させたいのか、資産の価格変動をできる限り抑えたいのか、お客様にとっての優先順位をしっかりと確認してください。

前者であれば分散投資しながら目標を目指す提案をし、後者であれば定期預金の活用や、積立預金を設定してムダな支出を省く仕組みを作り、預金額を着実に増やすような提案をしていきます。

⑬他行や証券会社等に不満があるお客様

◆信頼関係の構築を最優先に考える

サービスに対して不満を持っているお客様の場合、それをリカバリーするには時間がかかります。例えば、商品購入後ほとんどフォローの連絡がなく、気がつくと基準価額が大きく値下がりしていたというケースがあるとします。その後、担当者が変わったり、フォローの頻度が高くなったりしても、お客様の気持ちがすぐにほぐれることはありません。継続的努力により、少しずつ信頼を回復させなければならないのです。

このようなお客様にアプローチするときには、不満に感じていることは何かを聞き、まずはその項目で合格点をもらえるようなサービスの提供に集中します。これがきちんとできるだけで、かなり好印象を獲得できます。信頼関係を築くことを最優先に考えるとよいでしょう。

◆不満のある商品と不満の理由を確認する

一方、サービス以外に、個別の商品に対して不満を抱いている場合もあります。他行や証券会社で扱っている投資信託を購入したものの、損失ばかりが増えているケースなどがこれにあたります。保有している商品をヒアリングし、どの商品がなぜ不満なのかを把握しましょう。

担当者のサービスが不満なのか、商品の値動きが不満なのかというところまで分かると、そのお客様と接する際に心がけるべき点がより明確になります。

商品に不満を抱いている場合は、その商品がお客様の資産形成に必要かどうかを調べます。どのくらいリスクを取ることができるか、希望する運用期間はどのくらいか、いくらまで増やしたいかなどを聞きましょう。

質問を通じて、お客様自身が目的意識を持てるように工夫すると、同じゴールを目指しやすくなるだけでなく、「この担当者は、きちんと自分のことを考えてくれている」と感じてもらいやすくなります。

⑭マーケット情報に興味があるお客様

◆情報のジャンルや投資経験などを押さえる

マーケットの中でも、よくチェックする情報は何か、どんな情報に興味があるかが分かると、お客様の好みや取っているリスクの傾向のほか、投資資産が偏る可能性まで把握することができます。投資経験についても情報共有できるチャンスです。ニーズをつかむためのひとつのツールとして、マーケット情報を話題にしましょう。

「普段、どんな情報をチェックされていますか？」「マーケット情報というと、例えばどんなものを思い浮かべますか？」という質問を糸口に、情報収集のツールや内容、収集頻度や興味の方向性を把握します。

頻繁に情報を気にしているなら、現在の投資に関係しているか、近いうちに投資したいと思っている、人によっては過去に関係する商品に投資していた可能性があります。特に保有資産に損失が生じている場合、少しの価格変動でも気になるものです。

このあたりから、お客様が欲している情報のジャンルや投資経験などを押さえます。

◆分散投資の有効性を伝えていく

併せて、興味の一点集中を防ぐアプローチも行いましょう。特定の分野だけに投資すると、資産全体のリスクが高くなりがちなため、マーケット情報を活用して分散投資の有効性を伝えます。

例えば、日経平均株価だけではなく、為替レートや国債利回りなどもチェックすることで、現在の経済状況にはどんな分野・国・産業の動向が影響を与えているのかが分かります。ひとつのジャンルが暴落したときに備え、リスクを回避する資産を作る提案にも役立ちます。

初めてマーケット情報に興味を持ち始めた人には、インデックスファンドなどの商品が分かりやすいでしょう。指数に連動した運用を目指すため、世界の株価などの情報を集めやすく、お客様が自分の投資により関心を持ちながら、取り組めるのではないでしょうか。

⑮保有資産の含み損を抱えるお客様

◆含み損を抱えた心理を理解する

預金などの資産よりも投資資産のほうが、お客様には現状を把握しにくいのではないかと思われます。また、投資資産が値下がりしたり、含み損がある場合には、より一層、冷静に分析できなくなる可能性があります。

株や投資信託のナンピン買い（価格が下落しているときに、さらに買い増しすること）は、その代表的な例です。損失が出ていると、本人はどうしても都合よくとらえがちです。

本来なら思い切って損切りすべき資産を、「投資は安いときに買って、高いときに売るものだ」と言い訳して保有割合を増やし、結果的に多くの損失を出してしまうことなどです。

◆運用目的について再確認する

含み損を抱えているという相談の場合、まずは運用目的を再確認します。特に資金使途がある場合、何年後に現金化するのか、いくら必要なのかは必ず押さえておきたいポイントです。

次にこのまま様子を見るのか、損切りして別の方法で資産形成を図るのか考えます。運用のゴールを10年以上先に設定している場合は、焦って損切りする必要はないかもしれませんが、３年から５年で運用を終える予定の人には、リスクが高すぎない着実な方法を提案します。

分配金が出る投資信託を保有しているお客様には、分配金を含めた運用実績を伝えましょう。特に分配金を再投資していない場合は、分配金を含めると利益が出ているのか、算入しても損失が出ているのか、分かりにくいものです。

いずれにしても、元本の水準まで評価額が戻るには時間がかかります。また、損失の経験から投資への恐怖感があるお客様もいると思います。お客様のリスク感度はマーケットの変化とともに変わるため、定期的にリスク許容度を確認しながら、安心して保有できる資産形成をアドバイスしましょう。

⑯住宅ローンの返済負担が重いお客様

会社の業績が落ち込んでいるので給料は減るしボーナスも出なくて…
今後住宅ローンが返せるかとても不安です
そのような場合は住宅ローンの返済期間を延ばすことで月々の返済額を抑えることなども可能です
そんなこともできるの!?
はい ただその前にまずはお客様の家計の収支状況を見直すことが大切です
家計の見直し?
例えば現在ご加入の保険を見直すことで保険料が抑えられれば月々の支出を減らせます
なるほど相談に乗ってもらえるかな

◆家計の収支状況を見直すことから

そもそも、お客様が住宅ローンの返済負担が重いと感じている理由は何でしょうか？　もうすぐ固定金利期間が終わるので、今後の返済が心配なのでしょうか、あるいは子供が生まれて、家計の支出が増えたからでしょうか。

現状は、むしろ月収やボーナスなどの収入が増えない、または減っているという厳しい状況の中で、例えば子供の教育関連費用が増加しているために、ローンの負担感が増えてきたという人が多いと思われます。

ある金融機関の調査によると、住宅ローンの返済額と在学費用の合計が世帯年収に占める割合は、約50％に達するというデータもあります。このような状況下では、貯蓄や運用について提案するというよりは、お客様の不安や不満を明確にしたうえで、金融機関としてお客様に必要なものを的確に診断することから始めるべきです。

例えば、家計の収支バランスが悪く、生活が立ち行かなくなりそうであれば、そうなる前に保険の保障内容を見直して保険料をリストラし、支出の抑制を図ることなどが考えられます。

◆返済比率を下げることも検討する

また、他行で住宅ローンを組んでいるのなら、自行で借り換えることで生じるメリットを提示するのもよいでしょう。そして、簡単ではありませんが、住宅ローンの返済期間を延長して月々の返済額を抑え、年収に占める返済比率を下げることも検討に値します。

一方、収入を増やすことで返済原資を手当てするのは、なかなか難しいと思われます。働き手を増やすのであれば、専業主婦世帯なら、パートタイマーなど働き口を見つけて、家計収入の足しにすることも考えられます。住宅ローンの返済負担が重いお客様は、心に大きな不安を抱えています。何よりも、親身に相談に応える姿勢が大切といえます。

⑰公的年金だけでは将来が不安なお客様

◆自助努力で資産運用対策を考える

「ねんきん定期便」が送付され、受給見込額などがチェックできるようになった一方で、老後の生活に不安を募らせるお客様も増えています。また、公的年金制度そのものに対する信頼感は低く、老後資金のすべてを年金に依存することは、望みが薄いと思ったほうがよいでしょう。

例えば、将来60歳で会社を定年退職しても、そのときに受給開始年齢が70歳に引き上げられていたら、あと10年間働かなければならないかもしれません。やはり、なすべきことは「自助努力」なのです。なるべく国に頼らずに、資産運用対策を考えておくことが必要です。

資産運用の基本は、コツコツと継続することです。まだ現役のうちに、積立定期や積立投信を購入したり、さまざまな投信に分散投資したり、運用タイプの変額年金保険や貯蓄タイプの終身保険などを検討してもよいでしょう。余裕のあるうちに、少しずつ色々な仕組みで積み立てておくことが、将来のためになるのです。

◆年金額から資産形成のアドバイスを行う

一方、すでに年金を受給しているお客様は、国民年金（基礎年金）を例にあげると、満額支給額が78万100円（2015年度）となり、2014年度と比較して7300円増えていますが、2010年度と比べると8800円少なくなっています。

ということは、昨年と比べると収入増ですが、5年前の水準にはまだ戻っていないのです。したがって、引続き支出を増やさない努力をすることになります。そこで、加入している保険の保障内容を見直すなど、保険料のムダを省くことで生活費の負担を軽くすることができます。

将来を見据えると、老後の生活に入る前までに、自分でどこまで資産を積み上げられるかが重要となります。そして、それをお手伝いできるのが、金融のビジネス、すなわち金融機関に勤める皆さんの仕事といえるでしょう。

⑱万一のときのことが不安なお客様

◆社会保障の不足分を保険でカバーする

ご自身に万が一のことがあったときについては、大きく次の2つの場合が考えられるのではないでしょうか。ひとつは、一家の大黒柱として働いているときに亡くなった場合です。これは、遺《のこ》された家族の生活保障という大きな問題があるため、保険による金銭的な保障が大変重要です。

保障の考え方としては、金銭的に社会保障だけでは足りないと思われる部分に対して、保険でカバーするというスタンスがよいと思います。

また、死亡ではなく事故や病気で長期療養が必要で、働けなくなってしまうことも考えられます。生活費や療養費など、実はこちらのほうが家族にかかる負担は多いかもしれません。この場合は、収入保障保険などが適しているようです。

◆遺産分割でもめるリスクに対応する

もうひとつは、資産を遺して亡くなった場合の相続対策です。あるデータによると、実は相続財産が少ないほうが、相続でもめるケースが多いようです。家庭裁判所における遺産分割事件のうち、認容・調停などが成立した件数を見ると、遺産が５０００万円以下の人のほうが、調停などを求める件数が多いのです。したがって、相続税がかからなくても、遺産分割でもめるリスクは常にあります。

このような心配事に対して、金融機関としては遺言信託や遺産整理業務などにつなぐことも可能ですが、資産の額が多くなければかえってコストがかかるため、お客様自身で遺言を書くか、保険商品を使ってあらかじめどのように遺すのか、家族に意思を伝えておくことが必要です。

いずれにせよ、死亡に対する保障は、保険でカバーするのが最も有効でしょう。「遺したい人」に遺すことができるため、その人への想いも残せるうえ、保険金が支払われるので、遺族の生活費など生活保障にもつながります。

顧客情報は常に更新しておこう

個人情報保護法では、利用目的の達成に必要な範囲で、個人データを正確かつ最新の内容に保つ必要があると定めています。しかし、お客様との取引が長期にわたると、担当者が何人も引継ぎを行う過程で、属性情報等が更新されていないケースが多々あります。ここでは、その結果、トラブルに発展した事例を紹介します。

長年の取引があるお客様が、定期預金の解約に来店しました。テラーのAさんは、お客様の表情が明るいので、リラックスしてその使い道を尋ねると、お客様は遠慮がちに「子供が結婚するので、家具を買ってあげるのよ」と言いました。

Aさんは「おめでとうございます。お式はいつなんですか」と尋ね、顧客情報の家族欄を確認し、以前一緒に来店した娘さんの顔を思い浮かべました。「来月なのよ」というお客様に「花嫁姿はお美しいことでしょうね」と笑顔で返答しました。

一瞬、お客様が怪訝な顔をしたのですが、おめでたいことなので手続きを進めたところ、徐々にお客様は無口になり、早々と帰っていきました。

――トラブルが明らかになったのは翌朝です。お客様のご主人が来店し、「お宅の銀行は、

コラム

顧客情報をどう管理しているのか。娘の死亡届も出しているのに、妻に娘のことを思い出させるなんて！」と怒って取引を全部解約して帰りました。

Aさんは、お客様から婚礼家具と聞いて、すっかり娘さんの結婚だと思い込んでしまい、昨年、ご夫妻で相続手続きに来店していたことをすっかり忘れていました。

勘違いされただけで、取引解消なんてと思うかもしれませんが、お客様には色々な事情がありますし、決して気分の良いものではありません。顧客情報を有している金融機関だからこそ、正確に把握してほしいと期待されているのです。

◆お客様の想いや痛みを共有化する

今回のトラブルは、顧客情報の更新を怠ったことが原因ですが、お客様の想いや痛みを共有できていない金融機関の体制にも問題があります。

お客様のライフプランや投資に関する考え方は、保有資産や家族状況などで変化します。満足度の高い運用提案を行うためにも、常にお客様に関心を向け、情報を更新して共有する姿勢が大切なのです。

テラーのための 店頭セールス声かけ読本

平成27年7月27日　初版発行
平成28年8月13日　第2刷発行

編　者 ――― 近代セールス社
発行者 ――― 福地　健
発　行 ――― 株式会社近代セールス社
〒164-8640　東京都中野区中央1-13-9
電　話　03-3366-5701
ＦＡＸ　03-3366-2706
印刷・製本 ―― 株式会社暁印刷
表紙イラスト ― 横山テルミ

ISBN 978-4-7650-2008-4